Thomas Unruh • Susanne Petersen

Guter Unterricht – Handwerkszeug für Unterrichtsprofis

Impressum

Guter Unterricht: Praxishandbuch

Thomas Unruh ist Hauptseminarleiter am Landesinstitut für Lehrerbildung und Schulentwicklung in Hamburg – Abteilung Ausbildung und zudem Autor vieler erfolgreicher Titel wie „Der Lehrer-Coach“ oder „Mein Methoden-Portfolio“. Immer neue interessante Anregungen finden Sie auf www.guterunterricht.de.

Susanne Petersen ist Lehrkraft für besondere Aufgaben im Lernbereich Sachunterricht der Universität Hamburg. Zudem hat sie „Rituale für kooperatives Lernen“, „Wie alles ineinander greift“ sowie „Marktweiber und Amazonen“ veröffentlicht.

14. Auflage 2014

Veritaskai 3 · 21079 Hamburg
Fon (040) 32 50 83-060
Fax (040) 32 50 83-050
info@aol-verlag.de · www.aol-verlag.de

Redaktion: Kathrin Roth
Layout/Satz: KCS, Buchholz bei Hamburg
Coverfoto: Thomas Unruh

ISBN: 978-3-8344-5639-7
Printed in Germany

Inhaltsverzeichnis

Guter Unterricht

„Es kommt auf den Unterricht an!", schrieb *DIE ZEIT* (50/2001) nach der Veröffentlichung der ersten PISA-Studie in Deutschland im Dezember 2001 und brachte das Dilemma, das die deutsche Bildungslandschaft nachhaltig erschütterte, auf den Punkt. Fast zehn Jahre nach dem ersten Erscheinen von „Guter Unterricht" ist es en vogue, über die Qualität und Professionalität von Unterricht zu sprechen und zu schreiben, sich über Standards für guten Unterricht zu verständigen und diese als Grundlage der Lehreraus- und -fortbildung zu verwenden. In vielen Bundesländern gibt es in diesem Zusammenhang konkrete Initiativen zur Verbesserung der Unterrichtsqualität durch „Fortbildungsoffensiven" (Hamburg) und Maßnahmen zur Verbesserung der Lehrerausbildung. Hierbei geht es aktuell vor allem darum, Lehrer und zukünftige Lehrer zu befähigen, ihren Unterricht stärker „individualisieren" zu können und „kompetenzorientiert" zu gestalten.

In diesem Buch geht es darum, an Beispielen zu zeigen, wie Lehrer die Qualität ihres Unterrichts spürbar verbessern können, gestandene „Schulmeister" ebenso wie Studierende und Referendare. Es geht uns dabei weder um die „reine Lehre" noch um den Anspruch, ein allein selig machendes Konzept gefunden zu haben. Unser Anliegen ist pragmatisch: Was ist nützlich? Guter Unterricht trägt dazu bei, dass Schüler mehr und besser lernen, und führt „nebenbei" dazu, dass Lehrer sich dauerhaft in ihrem Beruf wohlfühlen. Wir möchten Anregungen geben und konkrete Vorschläge machen, wie man den Teufelskreis – unmotivierte Schüler → schlechte Leistungen → unzufriedene Lehrer → noch unmotiviertere Schüler usw. – durchbrechen und in sein Gegenteil verkehren kann.

Die Vorschläge sind vielfach praxiserprobt. Sie basieren hauptsächlich auf den didaktischen und methodischen Konzepten von Jochen und Monika Grell, Hilbert Meyer und Heinz Klippert sowie den kommunikationstheoretischen Ansätzen von Friedemann Schulz von Thun, Thomas Gordon und der individualpsychologischen „Denke" von Rudolf Dreikurs. Wir haben auf der Grundlage der Ausführungen der genannten Autoren ein eigenes Konzept entwickelt und erprobt. Alle Ansätze und Vorschläge dieses Buches sind

dem Gedanken verpflichtet, dass sie praktisch nachvollziehbar und trainierbar sein sollen.
Wir wollen mit dem vorliegenden Material einen Beitrag dazu leisten, professionelle Methoden im Lehrerberuf, die – basierend auf Erkenntnissen der lerntheoretischen und psychologischen Forschung – in der unterrichts- und erziehungswissenschaftlichen Diskussion derzeit weitgehend konsensual als „state of the art" akzeptiert sind, „salonfähig" zu machen und damit sowohl zur Verbesserung und Erleichterung der Arbeit als auch zu einer klareren Verständigung über Standards guten Unterrichts beitragen.
Aktuelle Ergänzungen, Links und Unterrichtsbeispiele werden laufend auf der Website www.guterunterricht.de veröffentlicht. Zusätzlich zu den auf der Video-DVD in diesem Buch enthaltenen Videos gibt es dort zahlreiche weitere Unterrichtsvideos als Anregung für vielfältigen Austausch über guten Unterricht.

Wir wünschen viel Erfolg und viel Spaß beim Erproben des Handwerkszeugs für guten Unterricht!

Anmerkung: *Nach intensiven Diskussionen über die Frage der „politisch korrekten" Bezeichnung der Geschlechterrollen haben wir uns hier für folgende Lösung entschieden: Das wiederholte Aufzählen von Lehrerinnen und Lehrern, Schülerinnen und Schülern usw. macht den Text nach unserer Auffassung schwer lesbar – auch weil in der Kürze die Würze liegt. Das große I – wie in LehrerIn – ist eine sprachliche, weil nicht lesbare und grammatische „Kunstform", die inzwischen nur noch im Rahmen des akademisch-bürokratischen Jargons existiert, im realen Leben dagegen – auch in Zeitungstexten – nicht vorkommt.*
Wir haben uns deshalb für den neutralen „Gattungsbegriff" entschieden, der insbesondere in der Pluralform („die Schüler") keinen Zweifel entstehen lassen soll, dass es sich dabei, genau wie bei Lehrern, Referendaren und Kollegen, um Menschen beiderlei Geschlechts handelt.

Die drei Grundelemente guten Unterrichts

Können wir uns heutzutage den Luxus überhaupt leisten, über die Qualität von Unterricht nachzudenken? Geht es nicht in der Wirklichkeit unserer Schulen um etwas ganz anderes? Heißt die Devise nicht: Überleben unter schwierigsten Bedingungen? Einigermaßen unbeschädigt – im wahrsten Sinne des Wortes! – über die Runden kommen? Der Dienstpflicht nachkommen bei sich permanent verschlechternden materiellen Rahmenbedingungen? Die Belastungen sind in den letzten Jahren überdurchschnittlich gewachsen und haben für viele Lehrer die Grenze des Ertragbaren erreicht: Nicht nur Belastungen beispielsweise durch Korrekturen, zunehmend werden Lehrer durch ministeriellen Reformeifer und ständig neue Projekte zur Schulentwicklung belastet und in Atem gehalten. Kann man sich das Engagement für „guten Unterricht" dann überhaupt noch leisten? „Guter Unterricht" – ein Thema bestenfalls für die Lehrerausbildung, nicht für das „wahre Leben" in der Schule?

Natürlich ist es zunächst ein professionelles Interesse, das uns als Lehrerbildner umtreibt, wenn wir versuchen, Klarheit darüber herzustellen, was wir unter „gutem Unterricht" verstehen. Wer sich diesbezüglich festlegt, sieht sich allerdings leicht dem Vorwurf der „Rezeptologie" ausgesetzt. Jochen und Monika Grell hatten anfangs Mühe, mit ihrem immer noch inspirierenden Buch mit dem bewusst provozierenden Titel „Unterrichtsrezepte" ernst genommen zu werden. Dabei wird gerade in diesem wichtigen Grundlagenwerk auf das entscheidende Faktum hingewiesen: Alle Lehrer verfahren de facto nach Rezepten! Allerdings werden diese implizit entsprechend unbewusster Überzeugungen und Alltagstheorien angewendet. Ob ich eher frontal unterrichte oder Schüler viel selbstständig arbeiten und entdecken lasse, ob ich im Unterricht Computer, Tafel oder Arbeitsblätter bevorzuge – dahinter stecken immer Annahmen über die Wirksamkeit der jeweiligen Methoden oder Zugangsweisen. Das Bewusstmachen dieser Annahmen kann dazu beitragen, ihre tatsächliche Richtigkeit zu überprüfen.

Doch es geht um mehr als um die „Grundausbildung" von Lehrern: Die zahlreichen wissenschaftlichen Schulleistungsuntersuchungen der letzten Jahre haben schmerzlich bewusst gemacht, dass derzeitige Ergebnisse des Unterrichts in Deutschland noch immer viel zu wünschen übrig lassen. In diesem Zusammenhang ist die Frage der Qualität von Unterricht wieder ins Bewusstsein gerückt. „Guter Unterricht" ist also Thema – auch für Lehrer, deren Ausbildung schon viele Jahre zurückliegt. Sie erhalten in der Lehrerfortbildung nur sehr selten konkrete Angebote zu den Grundlagen, dem Handwerkszeug guten Unterrichts, weil dieses als „bekannt" vorausgesetzt wird. Die Entwicklung von Grundelementen guten Unterrichts ist der Versuch, unser Verständnis von gutem Unterricht auf der Grundlage der aktuellen erziehungs- und unterrichtswissenschaftlichen Literatur deutlich zu machen und nachvollziehbar auf den Punkt zu bringen. Die Grundelemente sollen jungen und gestandenen Lehrern Hilfen und Ideen für die (Weiter-)Entwicklung der eigenen Professionalität geben. Sie helfen bei der Unterrichtsvorbereitung und stellen eine schnell vermittelbare Grundlage für Gespräche über Unterricht dar, beispielsweise nach Hospitationen.

Die Grundelemente sollen einfach und praktikabel sein. Das ist der Grund, weshalb wir uns auf nur drei Elemente beschränken, aus denen sich jedoch eine Vielzahl konkreter und differenzierter Fragen ableiten. Die Grundelemente beschreiben vor allem Haltungen und weniger Techniken, Methoden oder Verhaltensweisen. Letzteres, das „Handwerkszeug" des Unterrichts, ist Gegenstand dieses Buches.

Erstes Grundelement: das relevante Thema

Viele Schüler haben im Laufe ihrer bisherigen Schulzeit regelrecht verlernt, wozu es gut, wichtig und sinnvoll ist, etwas zu lernen. Die Frage nach der Relevanz der Lerninhalte ist (übrigens ebenso wie die Frage nach der Angemessenheit der Methoden) „unschicklich". Man hat halt zu lernen, weil etwas „dran" ist, es wird schon für irgendetwas wichtig sein! Die allermeisten Schüler fügen sich ergeben in ihr Schicksal und stellen die Frage nach der Relevanz der Lerninhalte nicht mehr. Auch Lehrer haben manchmal Mühe, diese Frage zu beantworten. Das Nachdenken über Didaktik (und um nichts anderes handelt es sich bei der Frage nach der Relevanz!) gehört in den Bereich der Lehrerausbildung. Dazu fehlt gestandenen Lehrern schlicht die Zeit.

Für die Ergebnisse des Unterrichts hat die oft ungenügende Klärung der Relevanzfrage weitreichende Folgen: Die meisten Schüler pauken Grammatik, Vokabeln, Rechtschreibregeln, mathematische, geografische, historische Fakten und „Merksätze" mehr oder weniger ohne Anwendungsbezug als abstrakte, sinnentleerte Formeln. So ist es nicht verwunderlich, dass viele Schüler in der Oberstufe anspruchsvolle Texte interpretieren oder komplizierte grammatische Strukturen reproduzieren können und zugleich in simplen kommunikativen Situationen versagen – im Deutschen ebenso wie in den Fremdsprachen. Echtes Lernen, das von Entdeckerfreude, Motivation und Durchhaltevermögen gekennzeichnet ist und auch auf lange Sicht bleibende Erkenntnisse, Fähigkeiten und Wissen vermittelt, findet nur dann statt, wenn es als sinnvoll erlebt wird. Deshalb brauchen wir eine Unterrichtskultur, in der es selbstverständlich ist, **dass Lehrer ihren Schülern in jeder Unterrichtsstunde sagen, was genau das Thema des Unterrichts ist, was sie in dieser Stunde lernen können und warum das für sie wichtig ist**. Das heißt, dass sich die Unterrichtenden bei der Planung ihres Unterrichts über den genauen Inhalt und die Relevanz des Themas sorgfältig Gedanken gemacht haben müssen. Ein solcher Prozess kann dann zu erstaunlichen, vielleicht sogar beängstigenden Ergebnissen führen. Wurden bis eben noch vermeintliche Vorgaben unreflektiert übernommen, kann sich plötzlich sehr drastisch die Frage stellen, ob der Unterrichtsgegenstand, der „eigentlich dran" ist, für eben diese Schüler zu eben diesem Zeitpunkt wirklich relevant ist, ob er für sie „wirklich dran" ist! Wir wollen damit keineswegs zu einem sorglosen Ignorieren von Lehrplanvorgaben oder Absprachen im Rahmen der Jahrgangskoordination raten. Nach unseren Erfahrungen bieten aber die meisten Lehrpläne sehr wohl genügend Spielräume, auch individuelle didaktisch begründbare Entscheidungen zu treffen. Das gilt umso mehr, seit es in aktuellen Bildungs- und Rahmenplänen stärker um die Vermittlung von Standards und Kompetenzen geht, als um das „Durchnehmen" von Themen. Dennoch lebt auch kompetenzorientierter Unterricht von guten, von relevanten Themen. Er eröffnet aber größere Spielräume hinsichtlich der Auswahl von Themen. Und so manche schulinterne Absprache entpuppt sich bei genauerem Hinsehen leicht als „Feigenblatt", hinter dem sich der eine oder andere Kollege gern versteckt, um sich damit zu entschuldigen: Man müsse das halt „durchnehmen", weil es „dran" sei. Dass genau diese Einstellung zu dem bei Schülern immer weiter um sich greifenden Desinteresse und Erlöschen jeden Lerneifers führt (was andererseits vehement beklagt wird!), wurde oben bereits ausgeführt.

Im Zusammenhang mit dem Lernen mit digitalen Medien (siehe Kapitel „Lernen mit Computer und Internet") erhält die Frage nach der Relevanz des Themas bzw. des Inhalts eine besondere Bedeutung. Die Faszination, die multimediale Präsentationen gerade auf Schüler, häufig auch auf Lehrer ausüben (z. B. PowerPoint-Präsentationen), trägt nur zu häufig dazu bei, dass die Frage nach der inhaltlichen Relevanz aus dem Blick verloren wird. Jeder Lehrer kennt die Klassen, die aufgeregt und begeistert durch „hands-on"-Museen und Ausstellungen laufen, von einem Knöpfchen zum nächsten schalten und kaum etwas inhaltlich Relevantes verstanden, geschweige denn mitgenommen haben. Dafür waren die vielen Multimedia-Präsentationen in den Augen der Schüler „richtig geil" – worum es dabei genau ging, war nicht so wichtig. Auf der anderen Seite sind professionelle Präsentationsmittel, wie beispielsweise PowerPoint, geradezu ein Segen für effizientes und nachhaltiges Lernen. Endlich ist Schluss mit unverständlichen Bleiwüsten-Texten, mit unleserlichen kleinen Folien, mit Präsentationen ohne Bilder oder Visualisierungen, trocken, ausschweifend und häufig einschläfernd langweilig dargeboten. Da nützt dann auch der beste und „relevanteste" Inhalt nichts! Die Präsentation hat eine unterstützende Funktion für den Inhalt. Form ohne Inhalt ist nichts. Aufwändige Verpackung mit wenig inhaltlicher Substanz hat nichts mit gutem Unterricht zu tun. Und andersherum gilt: Um erfolgreiches, lebendiges Lernen zu ermöglichen, müssen relevante Themen und Inhalte professionell präsentiert werden (siehe die Kapitel „Lehrer-Infos" und „Ergebnisse präsentieren"). Guter Inhalt allein macht noch keinen guten Unterricht. Gleichzeitig ist in der Praxis einiger Schulen, die zunehmend Formen des individualisierten Lernens praktizieren, eine Tendenz zu beobachten, nämlich dass die Schüler in hohem Maße individualisiert – beispielsweise in „Lernbüros" und mit „Kompetenzrastern" arbeiten – lernen, dass dabei aber zuweilen die nachhaltige Reflexion und der Austausch über Inhalte auf der Strecke bleiben.

Zweites Grundelement: die konsequente Schülerorientierung

Konsequente Schülerorientierung des Unterrichts ist kein bloßes Modewort oder überzogener Anspruch der Lehrerausbildung. Die Folgen eines Unterrichts, der über die Köpfe hinweggeht, der Schüler nicht wirklich als lernende Individuen ernst nimmt, sind allerorten zu beobachten: Kinder und Jugendliche verweigern sich zunehmend dem Zwangslernen, dem pädagogischen Zeigefinger, der Belehrung. Sie verweigern sich der Besserwisserei mancher Lehrer, die immer meinen, besser als die Jugendlichen selbst zu wissen, was für sie richtig und wichtig ist, die aber oftmals keine Vorstellung davon haben, was die Jugendlichen wirklich berührt und umtreibt. Auf abfällige oder ironische Bemerkungen über gerade angesagte Musikgruppen, -stile, Kleidung, Filme, Computerspiele, soziale Netzwerke oder TV-Serien können diese gut verzichten. Besonders unglaubwürdig wird die pädagogische Kritik dann, wenn diejenigen, die warnend den Zeigefinger heben, von dem Kritisierten nur wenig oder gar keine Ahnung haben. Das gilt beispielsweise immer noch für den Umgang mit dem Computer.

Eine wachsende Zahl von Schülern verweigert sich angesichts dessen zunehmend gegenüber dem schulischen Lernen. Dabei findet die Verweigerung sowohl in der aktiven Form – durch oftmals massive Störungen des Unterrichts – als auch – vielleicht viel öfter – passiv statt: ein freundlich-aufmerksames Gesicht aufsetzen und die Ohren „auf Durchzug“ stellen, nach dem Motto: „Wenn alles schläft und einer spricht…“

Wir alle wissen aus eigener Erfahrung, dass wir am besten das lernen, was uns wirklich interessiert und unseren Lernvoraussetzungen entspricht. Und wir alle wissen, dass Schüler oftmals zu erstaunlichen Leistungen in der Lage sind, über einen Schatz individueller Kenntnisse, Erfahrungen und Kompetenzen verfügen, der manchmal verblüffend ist. Anknüpfen an vorhandene Kompetenzen – das ist der vielleicht wichtigste Gesichtspunkt eines Unterrichts, der konsequente Schülerorientierung zum Dreh- und Angelpunkt der Unterrichtsplanung und -gestaltung macht: **Was wissen die Schüler bereits über die Sache, die Gegenstand des Unterrichts werden soll? Was wollen sie wissen? Wer kann welche Kompetenzen wie in den Unterricht einbringen?** Wenn es beispielsweise um das Erklären von Sachverhalten geht, sind Schüler dem Lehrer oftmals überlegen, weil sie sich intuitiv viel besser in die Denkstrukturen ihrer Mitschülerinnen und Mitschüler einfühlen können und von diesen besser verstanden werden. Konsequente Schülerorientierung heißt vor allem, die Schüler ernst zu nehmen in ihren Interessen, ihren Wünschen und Vorstellungen – auch denen, die uns Lehrern zunächst fremd, vielleicht sogar „unheimlich“ sind. Konsequente Schülerorientierung bedeutet weiterhin, die unterschiedlichen Bedürfnisse und individuellen Leistungsvoraussetzungen innerhalb einer Klasse durch Angebote und Möglichkeiten der inneren Differenzierung zu berücksichtigen. Lehrer aller Schulformen konstatieren heute die enorme Heterogenität ihrer Klassen. Dennoch werden im Unterricht in der Regel – selbst an Gesamtschulen, die die Heterogenität zum Programm erheben! – alle Schüler einer Klasse oder einer Lerngruppe über einen Kamm geschoren, indem alle zur gleichen Zeit das Gleiche tun (müssen): in der Regel zuhören oder schreiben. Schülerorientierung heißt deshalb auch, Konsequenzen aus der Erkenntnis zu ziehen, dass es Rahmenbedingungen gibt, unter denen alle Menschen – erwachsene Lehrer ebenso wie Kinder und Jugendliche – besser lernen:

- Wir alle lernen besser, wenn wir das genaue Thema des Unterrichts kennen und wissen, warum dieses wichtig ist. Dies gilt nicht nur für Unterrichtseinheiten oder Stunden, sondern sogar für einzelne Phasen des Unterrichts!
- Wir alle lernen besser, wenn wir wenigstens teilweise nach unserem individuellen Tempo lernen können, wenn wir entscheiden dürfen, mit wem wir lernen wollen, und mitentscheiden können, was und wie viel wir lernen wollen.
- Wir alle lernen besser, wenn wir beim Lernen nicht überwiegend zuhören müssen, sondern regelmäßig Gelegenheit haben, uns mit anderen im Gespräch auszutauschen.
- Wir alle lernen besser, wenn das zu Lernende in einer Form dargeboten wird, die unseren individuellen Lernvoraussetzungen entspricht, d. h. vor allem unterschiedliche Sinne („Lernkanäle") einbezieht.
- Wir alle lernen besser, wenn wir beim Lernen nicht immer nur still sitzen müssen; wenn spürbar ist, dass Lernen nicht immer nur eine „todernste" Angelegenheit ist, sondern dass Lachen, Entspannung und Fröhlichkeit unverzichtbare Bestandteile erfolgreichen Lernens sind.

Eine so verstandene Schülerorientierung ist eine wesentliche Voraussetzung für einen erfolgreichen „individualisierten Unterricht".

Drittes Grundelement: die konstruktive Atmosphäre

Guter Unterricht kann nur in einer konstruktiven Lern- und Arbeitsatmosphäre stattfinden. Eine solche ist dadurch gekennzeichnet, dass

- intensives Lernen und gemeinsames Arbeiten stattfindet;
- ein Klima des gegenseitigen Respekts herrscht, und zwar sowohl der Schüler untereinander als auch zwischen der Lehrkraft und den Kindern oder Jugendlichen;

© Susanne Petersen

- Rücksichtnahme gegenüber langsamen Lernern und Schwächeren geübt wird;
- es selbstverständlich ist, sich gegenseitig zu fragen und zu helfen;
- auch Schüler Verantwortung übernehmen;
- es okay ist, Fehler zu machen. (Nur wer bereit ist, Fehler zu machen, kann lernen. Wer versucht, Fehler zu vermeiden, kann nicht lernen.)
- Regeln verbindlich sind und für alle gelten, auch für Lehrer;
- die Nichteinhaltung von Regeln Konsequenzen hat.

Verantwortlich für die konstruktive Atmosphäre im Klassenraum ist der Lehrer. Er muss bereit und in der Lage sein, die schwierige Doppelrolle von „Partner“ und „Chef“ einzunehmen. Wer nur Partner der Schüler im Sinne von Berater und Coach ist, läuft Gefahr, dass Regeln unverbindlich bleiben; wer nur als Leiter, als Chef agiert, degeneriert schnell zum „Herrscher“. Der „Partner“ beteiligt sich gleichberechtigt an der Aufstellung von sinnvollen Regeln, die für ihn genauso gelten wie für alle anderen. Er ist wirklich in Kontakt mit seinen Schülern und gewährleistet durch seine Person, dass sich alle Schüler angenommen und in der Klassengemeinschaft wohlfühlen. Der „Chef“ ist letztlich verantwortlich dafür, dass einmal gemeinsam beschlossene Regeln auch für alle durchgesetzt werden und dass die Nichteinhaltung tatsächlich Konsequenzen hat, dass, wenn es sein muss, auch mal „Schluss mit lustig“ ist.

Die drei Grundelemente guten Unterrichts

Erstes Grundelement: **Das relevante Thema**	Zweites Grundelement: **Die konsequente Schülerorientierung**	Drittes Grundelement: **Die konstruktive Atmosphäre**
Transparenz über Inhalt und Rahmen des Unterrichts:	Was wissen die Schüler?	Lehrer ist „Partner“ und „Chef“
Was genau ist Thema des Unterrichts und der Unterrichtsphasen?	Was können die Schüler?	Lehrer ist verantwortlich für: • gegenseitigen Respekt • Regeln
Was kann gelernt werden? Warum ist das wichtig?	Was wollen sie wissen bzw. können?	• Konsequenz • Klarheit • Rücksichtnahme • Kooperation • Lachen!

Literaturtipps:
Jochen und Monika Grell: Unterrichtsrezepte, Beltz 1999, 11. Aufl.
Hilbert Meyer: Unterrichtsmethoden, Band 1 & 2, Cornelsen 1994 & 1997
Heinz Klippert: Methodentraining, Beltz 2000
Friedemann Schulz von Thun: Miteinander reden, Band 1–3; Rowohlt 2001
Thomas Gordon: Lehrer-Schüler-Konferenz, Heyne 1989
Hilbert Meyer: Was ist guter Unterricht?, Cornelsen 2004
Andreas Helmke: Unterrichtsqualität. Erfassen, Bewerten, Verbessern, Kallmeyer 2007, 5. Aufl.

Konstruktive Atmosphäre

Weit mehr als die Frage nach gutem Unterricht beschäftigt viele und insbesondere junge Lehrer das Thema: Wie gelingt es, im Klassenraum eine Atmosphäre des gegenseitigen Respekts herzustellen, ein Klima zu schaffen, in dem gut und erfolgreich gelernt werden kann? Wie kann man es schaffen, dass sich die Schüler an Regeln halten, dass sie zuhören, den Lehrer ernst nehmen, sich für die Unterrichtsthemen interessieren und – wenn's sein muss – auch einfach bloß mal „parieren“? Gerade dann, wenn Unterricht zunehmend individualisiert und kompetenzorientiert gestaltet wird, braucht es eine konstruktive Atmosphäre, in der allein, zu zweit und in Gruppen kon-

© Susanne Petersen

struktiv gleichzeitig an unterschiedlichen Themen gearbeitet werden kann. Kein anderes Thema trägt mehr dazu bei, dass sich viele Lehrer schon früh ausgebrannt fühlen, als das Thema „mangelnde Disziplin im Unterricht". Viele Unterrichtsstunden – von der ersten Klasse bis in die gymnasiale Oberstufe hinein – bestehen oft zum großen Teil aus Disziplinierungsmaßnahmen, die häufig erfolglos bleiben. Bevor überhaupt ein Wort zur Sache (dem „Unterrichtsgegenstand") gefallen ist, vergehen manchmal zehn Minuten und mehr: Die Schüler trudeln nach und nach ein, betreten lautstark den Klassenraum, unterhalten sich, beschimpfen sich gegenseitig, werden manchmal gar handgreiflich, laufen im Klassenraum umher und ignorieren völlig die Versuche des Lehrers, Ruhe herzustellen, um endlich mit dem Unterricht beginnen zu können. Viele Schüler begegnen einander und manchmal sogar dem Lehrer ohne Respekt. Ihr Wortschatz ist häufig verletzend, erniedrigend, sexistisch. Manche Lehrer wissen sich angesichts einer derart destruktiven Atmosphäre nicht anders zu helfen, als ihren Anspruch an guten Unterricht aufzugeben.

Sie agieren dann nur noch zwischen einer Mischung aus Strafen und „Stillarbeit", sprich: Sie lassen die Schüler etwas abschreiben oder Arbeitsblätter schriftlich beantworten; dann herrscht wenigstens mal Ruhe! Andererseits gibt es viele Klassen, in denen eine konstruktive Atmosphäre herrscht. Klassen, in denen junge wie alte Lehrer gern unterrichten und in denen sich die meisten Schüler wohlfühlen. Klassen, in denen nicht etwa ein Klima der Unterdrückung oder der Duckmäuserei herrscht: Klassen, in denen gelacht und gleichzeitig ernsthaft gearbeitet und gelernt wird. Solche Klassen gibt es nicht nur an Gymnasien in „guten Gegenden“, sondern ebenso an Grund-, Haupt- oder Gesamtschulen mit einer Schülerschaft aus „bildungsfernen“ Elternhäusern. Sicherlich erfordert die Arbeit an einer solchen Schule mehr Ideen, mehr Durchhaltevermögen und manchmal auch mehr Engagement. Die vielen Lehrer aber, die bereit sind, solches aufzubringen, können fast immer reiche Ernte einfahren! Das Schaffen einer konstruktiven Atmosphäre ist ein hartes Geschäft. Doch von dieser Arbeit profitieren alle – nicht zuletzt die Lehrer! Guter, professionell gestalteter Unterricht ist ein zentraler Aspekt, der dazu beiträgt, auch „schwierige“ Schüler zu erreichen. Doch zusätzlich bedarf es oft besonderer „Arbeit an der Atmosphäre“ – unabhängig von Unterrichtsthemen.

Respekt – die Grundlage der konstruktiven Atmosphäre

Fragt man Schüler danach, was einen „guten Lehrer“ ausmacht, stehen die Aspekte der „Autorität“ und des „Respekts“ ganz oben an. Das hat nichts damit zu tun, dass sich Schüler besonders autoritäre Lehrer wünschen, denn autoritär hat bekanntlich nichts mit Autorität zu tun! Allerdings wollen Schüler wissen, woran sie sind; sie erwarten Klarheit und die Fähigkeit, Grenzen zu setzen. Wenig Respekt haben Schüler vor Lehrern, die viel „labern“, aber nicht bereit oder in der Lage sind, deutliche Konsequenzen aus Regelüberschreitungen zu ziehen. Ebenso wenig Respekt haben sie vor Lehrern, die nur so tun, als hätten sie Ahnung von den Dingen, die sie unterrichten, in Wirklichkeit aber gerade eine Lektion weiter als die Schüler sind. Den wenigsten Respekt aber haben sie vor Lehrern, die keinen Respekt vor ihnen haben; die immer nur auf ihre Fehler schauen statt auf ihre Kompetenzen, die sie für „blöde“ und „verhaltensgestört“ erklären, die sie vor der Klasse bloßstellen, die rumschreien und sich der gleichen Fäkalsprache bedienen, die sie ihren Schülern vorwerfen. Das Grundgesetz des Respekts heißt nun einmal: Wer Respekt von anderen erwartet und wünscht, muss selbst anderen aufrichtigen Respekt vermitteln können; nicht gespielt als Mittel zum Zweck, sondern aus ehrlichem Interesse am anderen. Diese zugrunde liegende Haltung hat niemand besser formuliert als der Transaktionsanalytiker Thomas Harris: „Ich bin o.k., du bist o.k.“ Das Geheimnis dieser Formel liegt in dem gleichberechtigten „o.k.“: Weder „Ich bin der Beste und du kannst nichts, weißt nichts, bist nichts“, noch „Ich bin ja nur ein kleines Würstchen und du sooo toll.“ Ich bin o.k. – ein ganz normaler Mensch mit Stärken und mit Schwächen – genau wie du auch. Diese Haltung an den Tag zu legen, fällt vielen Menschen sehr schwer. Dies liegt häufig an mangelndem Selbstvertrauen, das dazu führt, entweder das eigene Licht unter den Scheffel zu stellen oder aber letztlich sich selbst immer wieder „beweisen“ zu müssen, dass man doch auch o.k. ist, indem man es übertrieben laut in die Welt hinausposaunt. Diese Haltung, die die Grundvoraussetzung des Respekts ist, erfordert deshalb Mut, sich mit dem „Eingemachten“ der eigenen Persönlichkeit auseinanderzusetzen, vor allem mit der Frage: Respektiere ich mich eigentlich selbst, so wie ich bin, mit allen Stärken und Schwächen? Finde ich mich selbst eigentlich o.k.?

Literaturtipps:
Thomas Harris: Ich bin o.k. – du bist o.k., Rowohlt 1975
Thomas Unruh: Der Lehrer-Coach, AOL-Verlag 2007

Wer Respekt von seinen Schülern erwartet, sollte viel über sie wissen, zum Beispiel:

- Was machen meine Schüler in der Freizeit?
- Welche Themen interessieren sie, welche Themen bewegen sie?
- Wie wohnen, wie leben sie?
- Welche Sendungen sehen sie im Fernsehen? Wie lange sehen sie fern? Welche Videospiele spielen sie? Welche Musik hören sie? Wie kommunizieren sie online?
- Was können sie besonders gut? Von welchen Themen haben sie besonders viel Ahnung?

Sich für seine Schüler wirklich zu interessieren hat weder etwas mit unangebrachter Neugier zu tun noch mit Anbiederei, sondern es ist die notwendige Voraussetzung für eine respektvolle, konstruktive Lernatmosphäre und erfolgreiches Lernen. Wer mit seinen Schülern fast ausschließlich über den Stoff oder disziplinierend kommuniziert, signalisiert damit Desinteresse an der anderen Person. Gelegenheiten, seine Schüler kennenzulernen, gibt es genug: auf dem Weg vom Lehrerzimmer zum Klassenraum, in der Pause, nach der Stunde oder als Einstieg in den Unterrichtstag oder die einzelne Stunde (siehe den Abschnitt „Wie kann man gute Lernlaune schaffen?“ im Kapitel „Unterrichtseinstiege“). Viele Gelegenheiten gibt es auf Ausflügen, Klassenreisen oder Klassenfesten.

Um von seinen Schülern Respekt zu erhalten, sollte der Lehrer

- klar, verlässlich und transparent sein. Er sagt, was er meint; er sagt, was er vorhat; er sagt, was er erwartet. Er „labert“ nicht lange um den heißen Brei herum. Er formuliert Kritik klar und konstruktiv in der Sache, ohne dabei die Person zu verletzen. Die Schüler wissen, woran sie sind, sie können sich auf ihren Lehrer und das, was er sagt, verlassen.
- konsequent sein. Er ist mutig, auch unbequeme Entscheidungen durchzusetzen; er kann „Liebesentzug“ ertragen.
- Rollenklarheit zeigen. Das heißt, er wahrt ein angemessenes Verhältnis von Nähe und Distanz zu seinen Schülern.
- Humor besitzen und zeigen. Dazu gehört auch, mal Fünfe gerade sein zu lassen und eine gewisse (natürlich verbale) Schlagfertigkeit ohne Zynismus. Kaum eine andere Eigenschaft wird von Schülern so geschätzt und mit Respekt „belohnt“ wie Humor!
- möglichst gerecht urteilen und handeln. Die Schüler haben feinste Antennen dafür, ob der Lehrer Lieblinge oder jemanden ungerechtfertigt auf dem „Kieker“ hat.
- in der Sache kompetent sein, das heißt, wirklich Ahnung von dem haben, was er unterrichtet und von der Bedeutung der Dinge, die er unterrichtet, überzeugt sein.
- authentisch sein, nicht so tun, als ob (er Ahnung hätte, wenn das gar nicht der Fall ist), wenn er mit seinem pädagogischen Latein am Ende ist.

Bei diesen Schlüsseln für respektvollen Umgang und eine konstruktive Atmosphäre im Klassenzimmer handelt es sich überwiegend um Persönlichkeitsmerkmale und damit um Eigenschaften, die besonders schwer erlernbar und veränderbar sind. Um die eigene Persönlichkeit weiterzuentwickeln, bieten sich vor allem Supervisionsgruppen oder selbst organisiertes Coaching an:

Webtipp:
www.co-counseln-lernen.de (Co-Counseln)

- Schüler tragen durch Selbstbeobachtung, Selbstevaluation und durch konstruktives gegenseitiges Feedback zu einer konstruktiven Atmosphäre entscheidend bei. Mehr dazu finden Sie im Kapitel „Feedback".

Aber auch Humor und Schlagfertigkeit kann man durchaus, zumindest ansatzweise, lernen! Man sollte deshalb nicht die Nase rümpfen über einschlägige Titel aus dem Bereich der Ratgeberliteratur, sondern diese zumindest erst einmal ausprobieren!

Literaturtipps:
Matthias Pöhm: Das Nonplusultra der Schlagfertigkeit, Goldmann 2007
Michael Titze / Inge Patsch: Die Humor-Strategie. Auf verblüffende Art Konflikte lösen, Kösel 2008

Webtipp:
www.schlagfertigkeit.com/schlagfertigkeit_fuer_lehrer.htm

Die Schüler beteiligen

Ein selten gewählter und doch einfacher und erfolgreicher Schritt auf dem Weg zu einer konstruktiven Atmosphäre im Klassenraum besteht darin, die Schüler aktiv zu beteiligen:

Die Schüler lösen Konflikte

- An der Schule oder in der Klasse gibt es institutionalisierte Streitschlichter: Schüler, die in Methoden der Konfliktmoderation trainiert wurden. Als „Peers" ist ihr Wirken oft erfolgreicher als das von Erwachsenen, die bereits auf bestimmte, oftmals negativ konnotierte Rollen festgelegt sind.
- Im Rahmen solcher Streitschlichtung durch Schüler hat sich auch die Institution von Schüleranwälten bewährt: Die an einem Konflikt beteiligten Schüler nehmen sich zur Klärung einen „Anwalt" aus der Klasse, der ihre Interessen mit vertritt und darüber hinaus psychologischen Beistand leistet.

Webtipps:
www.bildungsserver.de/zeigen.html?seite=2208
www.sachunterricht-petersen.de

- In einem institutionalisierten Klassenrat werden regelmäßig aktuelle Konfliktfälle in der Klasse thematisiert. Dies geschieht nach einem festen Ablaufritual und zumeist in einem Kreisgespräch, das streng nach den „Regeln der Kunst" von Unterrichtsgesprächen abläuft (siehe Kapitel „Unterrichtsgespräche", „Rituale").

© Thomas Unruh

Ein Ergebnis von Klassenrat, Streitschlichtung oder Feedback kann darin bestehen, einzelne Schüler auf dem Weg zu einer konstruktiven Atmosphäre zu unterstützen, indem sie freiwillige und nach Möglichkeit selbst gewählte Coaches aus dem Kreis der Mitschüler an die Seite bekommen.

Ebenso wichtig wie das Konfliktmanagement ist es, die Schüler weit im Vorfeld „präventiv" an der Schaffung einer konstruktiven Atmosphäre zu beteiligen:

- Einzelne Schüler, die regelmäßig wechseln, sind Experten für (Teil-) Themen des Unterrichts; sie leiten Arbeitsgruppen an; sie unterstützen schwache Schüler beim Lernen; sie übernehmen Teile der Ergebniskontrolle an besonderen „Prüfstationen" oder im „Kontrollbüro".
- Die Schüler sind – ebenfalls regelmäßig wechselnd – verantwortlich für bestimmte Aufgaben und Dienste – beispielsweise: Tafeldienst, Klassenbibliothek, Putzdienst.
- Die Gestaltung des Klassenraums ermöglicht Partizipation. Die Schüler sind daran gewöhnt, in unterschiedlichen Sozialformen miteinander zu arbeiten und das Mobiliar schnell entsprechend umzustellen: frontale Sitzordnung, „Kinositz", Arbeitsplätze für unterschiedliche große Gruppen, Stuhlkreis.
- Die Schüler sind aktiv an der inhaltlichen und methodischen Gestaltung des Unterrichts beteiligt, indem sie zum Beispiel Arbeitsblätter gestalten,

selbstständig Tests entwickeln, Unterrichtsgespräche leiten, über Unterrichtsthemen mitentscheiden.
- Die Schüler evaluieren regelmäßig die Qualität des Unterrichts (siehe Kapitel „Feedback").

Einige Beispiele für sinnvolle Regeln, die zu einer konstruktiven Atmosphäre gehören:

- Lehrer und Schüler halten sich an verabredete Zeiten für den Beginn und das Ende der Arbeit!
- Lehrer und Schüler gehen respektvoll miteinander um, hören einander aufmerksam zu, unterbrechen nicht und nehmen sich gegenseitig ernst.
- Ohne Spaß, Lachen und Pausen kann niemand gut lernen und arbeiten.
- Lebendiges Lernen in Projekten verursacht Geräusche. In Gruppen- und Partnerarbeit sprechen Schüler und Lehrer leise, um die anderen nicht zu stören („20-Zentimeter-Stimme").

Wenn Regeln nicht eingehalten werden – Ideen für den Ernstfall

Je intensiver der Lehrer in dem oben dargestellten Sinn an einer konstruktiven Atmosphäre arbeitet, umso seltener wird er in die Lage kommen, das „Ernstfall-Repertoire" einsetzen zu müssen. Natürlich geht es nicht ganz ohne, aber häufiger stellt man doch fest, dass das „Disziplin-Pferd" eher vom Schwanz her aufgezäumt wird: Man versucht, eine konstruktive Atmosphäre durch rigide Maßnahmen zu schaffen. Diese verselbstständigen sich dann nur zu leicht – und statt Konstruktivität, statt Fröhlichkeit und Lernmotivation herrschen Nörgelei, Meckerei, lautes Schimpfen, herrschen Ärger, Frust und Lernwiderstände vor. In einigen Klassen gibt es dann zwar eine äußerst „disziplinierte" Atmosphäre, es herrscht Ruhe und Regeln werden eingehalten, jedoch als Ergebnis massiven Drucks, der mit konstruktiver Atmosphäre wenig zu tun hat und Ventile an anderer Stelle braucht. Hinzu kommt, dass jeder aus Erfahrung weiß, wie schnell sich disziplinierende Maßnahmen abnützen. Wer ganz selten mal richtig laut wird, hat eine Chance, dass man ihm wirklich zuhört. Wer dauernd brüllt, schafft vielleicht noch vordergrün-

dige „Ruhe im Karton“, aber er wird nicht wirklich ernst genommen, erfährt keinen echten Respekt. Abgesehen davon, dass das Dauerfeuer disziplinierender Maßnahmen für den Lehrer psychisch und physisch unglaublich anstrengend ist und vor allen anderen Aspekten zum Burn-out bis hin zur Frühpensionierung beiträgt. Deshalb heißt auch hier die Devise: Weniger ist mehr!

Was kann man tun, um Unterrichtsstörungen zu begegnen?

Statt Störer in ihrem Verhalten durch zu viel oder sogar permanente Aufmerksamkeit unbewusst zu belohnen, sollten sie eher ignoriert werden! Auch wenn's schwerfällt: In mindestens 80 Prozent der „Störsituationen“ ist es wirksamer, zügig in der Sache weiterzumachen, konkrete Arbeitsaufträge zu formulieren, den Störer nicht anzuschauen und ihn zu übergehen, als sich immer wieder unterbrechen zu lassen, das Heft aus der Hand nehmen zu lassen und damit an alle das heimliche Signal zu vermitteln: „Du – Störer – bestimmst, nicht ich!“

Jede andere Reaktion ist wirksamer als das klassische Muster: schimpfen, ermahnen, drohen. Die Schimpflitanei können die meisten Störer doch eh schon auswendig singen, und dass sie nicht stören, ihre Hausaufgaben machen, nicht zu spät kommen, ihren Platz aufräumen sollen und so weiter, das wissen sie natürlich auch. Wer wirklich etwas erreichen will, sollte deshalb lieber mal etwas Unerwartetes tun, zum Beispiel: die Störung „umdeuten", also nicht als Störung, sondern als konstruktiven Beitrag interpretieren. Besonders wirksam ist es, wenn man als Lehrer statt mit der üblichen Meckerei mit Humor und Schlagfertigkeit reagiert. Doch Vorsicht vor Ironie oder öffentlichem Spott! Wer das Geschäft eines „coolen" lockeren Spruchs, der nicht provoziert, nicht wirklich beherrscht, sollte es besser bleiben lassen!

Literaturtipp:
Richard Bandler, John Grinder: Reframing – Ein ökologischer Ansatz in der Psychotherapie (NLP), Junfermann Verlag 2005, 8. Aufl.

Webtipp:
www.nlp.at/lexikon_neu (NLP-Lexikon; zum „Umdeuten" von Störungen: siehe „Reframing"!)

Vor allem sollte der Lehrer seinen Blick schärfen für die oft übersehenen konstruktiven Persönlichkeitsanteile von „schwierigen" Kindern und Jugendlichen: Vielleicht ist er oder sie besonders humorvoll, energisch, erfinderisch, willensstark oder unabhängig. Vielleicht kann er oder sie genau beobachten, kennt die neuesten Trends oder traut sich stets etwas Neues zu.

Auch bei den Ernstfällen spielen die Haltung des Lehrers und sein daraus resultierendes Verhalten eine wichtige Rolle. Wer ausdrücklich und unbewusst vermittelt, du musst lernen oder du musst etwas Bestimmtes tun oder sein lassen, verstärkt damit leicht die Abwehrhaltung bei jemandem, der ohnehin schon auf Widerstand gebürstet ist. Ein gut vorbereiteter Lehrer sollte deshalb immer sagen und vermitteln: „Ihr dürft etwas lernen oder etwas Bestimmtes tun". Dahinter braucht sich kein Euphemismus zu verbergen. Wer seinen Schülern wirklich guten Unterricht bietet mit allem, was dazugehört, darf das auch ganz ehrlich vertreten. Unangebracht wäre diese Haltung allerdings in einem „Seite-23-wer-liest?"-Unterricht. Wer guten Unterricht bietet, sollte deshalb häufiger auf seine Formulierungen achten: Statt „Ihr sollt jetzt ..." oder „Ich möchte, dass ihr jetzt ..." kann man häufiger sagen: „Ihr dürft (oder könnt) jetzt ..."!

Wenn dann trotzdem Regeln immer wieder überschritten und nicht eingehalten werden, müssen Konsequenzen folgen. Am häufigsten greifen Lehrer dabei zur Methode des „erzieherischen Gesprächs“, in dem in der Regel an die Einsicht des Störers appelliert wird. Ein solches Gespräch kann in der Tat Wirkung zeigen, wenn der Lehrer Folgendes berücksichtigt:

Der Versuch, Kindern oder Jugendlichen zu zeigen, dass sie sich falsch verhalten, soll sie dazu bringen, ihre Schuld einzusehen. Das ist so, als verlange man, Schmerz zuzulassen. Schimpflitaneien und Vorwürfe prallen deshalb an den „Delinquenten“ ab, bewirken eher das Gegenteil. Das hört man: „Sei jemand anderes als du bist und sei so, wie ich dich haben möchte!“ In einem Gespräch, das Wirkung zeigen soll, muss das Kind oder der Jugendliche spüren, dass seine Sichtweise wirklich gefragt ist! Es will sich nicht schuldig, dumm oder unreif fühlen!
Erst wenn es gelingt, in dieser Weise mit dem Störer wirklich in Kontakt zu treten, kann man Verabredungen treffen, Ziele formulieren und auch Konsequenzen beschließen, die eintreten, wenn Regeln weiterhin missachtet werden.
Diese Ansätze versucht der sogenannte Entwicklungstherapeutische Unterricht (Etep) in die Praxis umzusetzen: Allwöchentlich nehmen sich Kinder und Schüler aus einem verabredeten Repertoire von relevanten Verhaltensweisen eine spezielle vor, an der sie in der kommenden Woche arbeiten werden. Die Bezeichnung des Verhaltens wird auf den Tisch geklebt und in der Wochenauswertung reflektiert, in wie weit das angestrebte Ziel erreicht wurde, ob es ein anderes geben soll oder noch eine weitere Woche zu trainieren ist. Hier finden sich auch ritualisierte Gesprächsabläufe, um Situationen auf der Sacheebene zu besprechen, sich entschuldigen zu lernen, ohne deshalb an Selbstbewusstsein zu verlieren.

Literaturtipps:

Jamie Raser: Erziehung ist Beziehung, Beltz 2001, 3. Aufl.

Marita Bergsson, Heide Luckfiel: Umgang mit „schwierigen“ Kindern: Auffälliges Verhalten, Förderpläne, Handlungskonzepte, Cornelsen 1998

Beate Grabbe: Dennis der Schulschreck, Auer 2003

Manchmal geht es wirklich nicht ohne spürbare Folgen, das heißt: Dann muss auch Strafe sein! Manchmal ist eine Strafe besser als das ewig gleiche Ritual: Regeln werden nicht eingehalten – Ermahnung – und (bestenfalls) – in der Wahrnehmung der Kinder und Jugendlichen – „Laberei“, niemals eine spürbare Konsequenz. Optimal sind „logische“ oder „natürliche“ Konsequenzen im Sinn von Rudolf Dreikurs, das heißt: Die Folge sollte in einem nachvollziehbaren Zusammenhang mit dem Regelverstoß stehen; ganz einfach verkürzt: Wer etwas kaputt macht, muss es selbst wieder heil machen.

Literaturtipp:
Rudolf Dreikurs, Vicki Soltz: Kinder fordern uns heraus, Klett-Cotta 2008, 15. Aufl.

Ein Unterrichtsausschluss kann durchaus eine natürliche Konsequenz für einen Dauer-Störer sein: Er darf dann eben nicht lernen! In der Praxis ist es schwer, immer geeignete logische oder natürliche Konsequenzen zu finden. Und nicht immer hat man als Lehrer die Zeit und die Bereitschaft, einen Schüler „nachsitzen“ zu lassen – obwohl das manchmal eine sehr wirkungsvolle natürliche Konsequenz ist! Zur Not ist dann eine altmodische „Strafarbeit“ immer noch besser als gar nichts! Häufiger, als man denkt, hat der Hausmeister noch Arbeiten im Garten oder auf dem Schulhof zu vergeben, aber selbst das Abschreiben der Schulordnung ist zumindest ein Signal, dass man es nicht bloß beim „Labern“ bewenden lässt!
Sehr wirkungsvoll ist es, Schüler deutlich zu warnen, bevor es zum „Knall“ kommt. Und besonders wirksam ist es, wenn dies ganz „cool“, „geschäftsmäßig“ und am besten nonverbal geschieht, zum Beispiel mit einer richtigen gelben Karte. Die Bedeutung derselben ist jedem Schüler klar und die Analogie zum Sport macht deutlich, dass es hier nichts zu diskutieren gibt, denn jeder weiß, dass es sonst sofort „Rot“ gibt! Wenn einmal grundsätzlich geklärt wurde, was „Rot“ bedeutet, das heißt, welche Strafe nun folgt, kann man auch die rote Karte ohne große Worte einsetzen!

Zum erzieherischen Einfluss von Lehrern

Vor dem Hintergrund spürbar veränderter Kinder und Jugendlicher, die zu einem immer größer werdenden Teil aus „unvollständigen" oder „Patchwork"-Familien kommen, aus sogenannten „bildungsfernen" Elternhäusern und die in wachsender Zahl über erhebliche sprachliche Defizite verfügen, egal ob mit oder ohne „Migrationshintergrund", sieht sich die Schule mit drängenden erzieherischen Fragen konfrontiert.

Webtipp:
www.shell.de/jugendstudie

Immer weniger Erziehung zu Hause

Viele Lehrkräfte registrieren deutlich, dass die Eltern von heute weniger als Erzieher fungieren. So stehen in den wenigsten Familien den Kindern (und Jugendlichen!) nach der Schule noch Eltern zur Verfügung, die Zeit, Muße und Interesse haben, sich den Sorgen, aktuellen Themen und Erlebnissen ihrer Kinder zu widmen. Das betrifft vollständige Familien genauso wie alleinerziehende Eltern oder Patchwork-Familien, in denen neben Vater oder Mutter noch ein neuer Lebensgefährte der Eltern „mitmischt". Väter spielen nach wie vor auch in vielen „vollständigen" Familien als Spiel- und Gesprächspartner eine eher geringe Rolle. Die vielen Eltern, die nicht die notwendige Zeit und Muße aufbringen, sich intensiv ihren Kindern zu widmen, suchen nach schnellen (Not-)Lösungen: Die meistverbreitete, schnellste „Lösung" besteht nach wie vor darin, die Kinder vor den Fernseher (oder ein Video- bzw. Computerspiel) zu setzen. Damit werden die Kinder scheinbar ruhig- und „zufrieden"-gestellt und auch die Eltern haben (erst mal) Ruhe, sich um ihre Sachen zu kümmern. Das schlechte Gewissen, das Eltern dabei haben, „beruhigen" sie immer häufiger durch materielles Verwöhnen. Schlimmer noch: Viele Kinder sind zu Hause einem erzieherischen Wechselbad von Zuckerbrot und Peitsche ausgesetzt. Gestresste Eltern sagen heute „hüh" und morgen „hott". Sie schwanken zwischen Stressreaktionen, sie schimpfen und brüllen aus heiterem Himmel, um im nächsten Moment fast alles zu tolerieren oder ihre Kinder mit Mitbringseln und Geschenken zu überraschen. Kein Wunder, wenn Kinder unsicher und orientierungslos werden! Ihnen fehlen vor allem Verlässlichkeit und klare Regeln, oft fehlen ihnen Vorbilder, an denen sie sich reiben können und müssen.

Welche Sorgen einem solch „un-erzogene“ Kinder in der Schule machen, davon können heute schon viele Grundschullehrer ein traurig Lied singen. In ihrer Not, mit diesen Kindern umzugehen, wird heute gern nach jedem Strohhalm gegriffen. Ein solcher ist die nur zu oft vorschnelle, aber letztlich sehr bequeme „Diagnose“: „Ein ADS-Kind!“ Damit ist klar: Es handelt sich um ein medizinisches Problem, für das der Pädagoge nicht mehr zuständig ist. Das Kind leidet dann also am sogenannten „Aufmerksamkeits-Defizit-Syndrom“. Dieses Syndrom wird seit geraumer Zeit unter den unterschiedlichsten Bezeichnungen als „Geheimtipp“ zum Umgang mit schwierigen Kindern gehandelt. Noch vor kurzem hieß ADS bei uns HKS (Hyperkinetisches Syndrom, zu Deutsch: Zappelphilipp), in der Schweiz wird es als POS (Psycho-organisches Syndrom) gehandelt. Das Verführerische an dieser „Diagnose“ besteht darin, dass eine medikamentöse Behandlung zur Verfügung steht, die bei einigen Kindern außerordentlich wirksam ist: Sie werden nach der Einnahme von „Ritalin“ spürbar ruhiger. Mehr Informationen zu ADS und „Ritalin“ hier:

Literaturtipp:
Thilo Fitzner, Werner Stark: ADS: verstehen, akzeptieren, helfen, Beltz 2002, 4. Aufl.

Webtipp:
www.ads-hyperaktivitaet.de
www.adhs.ch

Der „erzieherische Einfluss“ von Erwachsenen wird oft überschätzt

So entscheidend es für ein stabiles Aufwachsen von Kindern und Jugendlichen ist, dass es erwachsene „Erzieher“ gibt, die Zeit und Interesse für Kinder haben, die ihnen Vorbild und Widerpart zugleich sind, werden auf der anderen Seite der „erzieherische Einfluss“ von Erwachsenen bzw. deren tatsächliche Einflussmöglichkeiten häufig überschätzt.

Literaturtipps:
Judith Rich Harris: Ist Erziehung sinnlos?, Rowohlt 2002
Diane Ehrensaft: Wenn Eltern zu sehr ..., Klett-Cotta 2000
Hubert Wißkirchen: Die heimlichen Erzieher, Kösel 2000

© AAP Lehrerfachverlage GmbH

Lehrer wehren oft die an sie gestellten Erwartungen als „Ersatz-Erzieher“ ab, weil sie darin eine Forderung sehen, der sie nicht gerecht werden können. Andererseits überschätzen gerade Pädagogen häufig ihren erzieherischen Einfluss. Das liegt vermutlich daran, dass Lehrer damit ihren Wunsch, gebraucht zu werden und wichtig zu sein, unbewusst bedienen und damit auch die emotionale Abhängigkeit der Kinder eher fördern, als deren Selbstvertrauen und Selbstständigkeit auszubauen.
Tatsächlich zeigen Untersuchungen (siehe Harris und Wißkirchen), dass der Einfluss der Peergroup, also der Gleichaltrigen, der Freunde, der Klassenkameraden, spätestens ab der Vorpubertät den der erwachsenen Erzieher weit überragt und sogar schon im Kindesalter feststellbar ist. Weil in der

Phase der Pubertät zusätzlich der Wunsch (und die Notwendigkeit) nach Abgrenzung zur Erwachsenenwelt hinzukommt, schwinden die erzieherischen Einflussmöglichkeiten von Eltern und Lehrern weiter. Die Orientierung an „Peers“ ist in den letzten Jahren eher weiter gewachsen, seit soziale Online-Netzwerke („Web 2.0“) eine immer stärkere Bedeutung im Leben von Jugendlichen haben.
Gerade in dieser Phase gewinnen die – mehr oder weniger „heimlichen“ – Miterzieher also wachsende Bedeutung, schwinden die Einflussmöglichkeiten der Erwachsenen. Ihre Versuche, bei aktuellen Trends der Jugendkultur, Fragen des Konsums, der „richtigen“ Marke, der angesagten TV-„Formate“, Filme, Stars, Musik, Video- und Computerspiele mitzureden und erzieherisch tätig zu sein, werden von den Jugendlichen oft nur mit einem müden Lächeln quittiert, wirken wenig authentisch, oft bloß bemüht, manchmal lächerlich.

Welche Möglichkeiten haben Lehrer, „erzieherischen Einfluss“ auszuüben?

Einerseits nehmen die öffentlichen Appelle zu, Schule habe stärker erzieherisch zu wirken, andererseits sind die Grenzen erzieherischer schulischer Arbeit unübersehbar. Welche Möglichkeiten haben Lehrer, dieser Zwickmühle zu entkommen?

1. Sie machen einen herausfordernden, motivierenden Unterricht, in dem die Schüler in freundlicher, oft auch fröhlicher, von gegenseitigem Respekt gekennzeichneter Atmosphäre lernen, was für sie nachvollziehbar wichtig und interessant ist. Solch guter Unterricht, dessen Dimensionen hier ausführlich charakterisiert werden, hat eine große „erzieherische“ Funktion und Wirkung. Diese sind viel stärker als in einem Unterricht, in dem viel „erzogen“ und wenig gelernt wird, weil so viel Zeit mit „Erziehung“ verbracht wird
2. Sie sind ihren Schülern ein gutes Vorbild:
   - Sie sind kompetent in den Sachen, die sie unterrichten, sie wissen wirklich Bescheid.
   - Sie lernen gern, sie unterrichten gern, sie arbeiten gern, sie können Pausen machen und Schönes genießen.

- Sie behandeln andere auch in Konfliktsituationen und bei unterschiedlichen Auffassungen respektvoll.
- Sie hören zu und fragen um zu verstehen, statt vorschnell zu urteilen.

3. Sie ermutigen, indem sie mit den Stärken und Kompetenzen ihrer Schüler arbeiten statt mit ihren „Fehlern".
4. Sie begleiten ihre Schüler, statt sie zu „bemuttern" oder zu verwöhnen. Sie fordern sie, statt ihnen Anstrengung abzunehmen und damit den eigenen Erfolg zu schmälern.
5. Weil sie ihre Klasse und jedes einzelne Mitglied genau kennen, pflegen sie enge Kontakte mit ihren Schülern, haben eine Beziehung, einen Draht, auch zu schwierigen Schülern.
6. Sie vermitteln ein sehr hohes Maß an Klarheit und „Berechenbarkeit". Sie sind bereit, klare Grenzen zu setzen, diese zu begründen und vor allem deren Einhaltung zu gewährleisten.
7. Sie übernehmen Verantwortung für eine gleichberechtigte, tolerante Gestaltung des Miteinanders in der Klasse und in den Gruppen.

Diese sieben Punkte bieten die Chance, erzieherischen Einfluss auszuüben, der umso notwendiger ist, als es sich ja bei den Klassen nicht um zu gestaltende Zweier- oder Dreierbeziehungen handelt, sondern um eine größere Gruppe, für deren Konturen und Innenleben der Lehrer zuständig bleibt. Es handelt sich also um Fragen der erzieherischen Haltung, die vor allem etwas mit der Persönlichkeit des einzelnen Erziehers zu tun haben. Diese Haltung kann deshalb auch nur langfristig und über eine permanente Auseinandersetzung mit der eigenen Person erlernt werden. Hilfreich dafür ist vor allem der Austausch mit anderen, beispielsweise in Supervisions- oder Intervisionsgruppen oder auch beim „Co-Counseln" mit einem Partner.

Webtipps:
www.co-counseln-lernen.de (Co-Counseln)
www.shell.de/jugendstudie

Literaturtipps:

Cheryl Benard, Edit Schlaffer: Einsame Cowboys – Jungen in der Pubertät, Kösel 2002

Marita Bergsson, Heide Luckfiel: Umgang mit „schwierigen" Kindern: Auffälliges Verhalten, Förderpläne, Handlungskonzepte, Cornelsen 1998

Rudolf Dreikurs, Vicki Soltz: Kinder fordern uns heraus, Klett-Cotta 2008, 15. Aufl.

Rudolf Dreikurs, Loren Grey: Kinder lernen aus den Folgen, Herder 2007
Beate Grabbe: Dennis: „Ich bin hier der Schulschreck", Auer 2003
Klaus Hurrelmann, Mathias Albert: Jugend 2006. 15. Shell Jugendstudie – Eine pragmatische Generation unter Druck, Fischer 2006
Walter Kowalczyk, Klaus Ottich: Erziehen: Handlungsrezepte für den Schulalltag in der Sekundarstufe – Respektvoller Umgang miteinander, Cornelsen 2004
Jamie Raser: Erziehung ist Beziehung, Beltz 2001, 3. Aufl.
Jesper Juul: Pubertät – Wenn Erziehen nicht mehr geht. Gelassen durch stürmische Zeiten, Kösel 2010

Tipps zum Umgang mit „schwierigen" Schülern

Die Stärken, Kompetenzen, positiven Seiten entdecken!
Alle Menschen suchen Anerkennung und Respekt. Um guten Kontakt zu schwierigen Schülern herzustellen, müssen diese spüren, dass sie vom Lehrer nicht nur als „schwierig", „gestört", „dumm" wahrgenommen werden, sondern als wichtige und interessante Persönlichkeit. Deshalb ist die Voraussetzung dafür, Kontakt herzustellen, die Stärken, Kompetenzen und positiven Seiten der „Störer" zu entdecken.
Beispiele für solche Entdeckungen:
Er (oder sie)

- schreibt sehr ordentlich, tolle Heftführung, schreibt gerne Geschichten,
- ist sehr sportlich,
- ist sehr hilfsbereit,
- spielt ganz konzentriert „Playstation",
- verteidigt andere,
- hilft und organisiert beim Sport,
- nimmt andere in Schutz,
- hat viele Interessen,
- kann andere mitreißen, hat „Führungsqualitäten",
- ist sensibel für „Zwischentöne",
- ist neugierig,
- hat Humor / Ironie,
- kann mit unterschiedlichen Rollen spielen,
- ist kreativ,
- ist witzig,
- ist sehr charmant,

- hat richtig Power,
- übernimmt körperliche Arbeiten für die Klasse.

Kontakt herstellen!

Der wichtigste Schritt besteht darin, sich für den anderen wirklich zu interessieren! Auch und gerade für Dinge, Themen, Aktivitäten, die dem Lehrer selbst fremd sind. Aufrichtiges Interesse an dem „ganzen" Menschen zeigen – ohne Besserwisserei und „pädagogischen Zeigefinger"!

- Die (neue) interessante Kleidung oder Frisur bemerken.
- Ritual im Stuhlkreis: (Nur!) Positives über andere sagen / berichten: Mein Kompliment für dich.
- Die Schüler als Experten / „assistant teachers" einsetzen.

Generell hilfreich, um Kontakt zu Kindern zu finden – auch und gerade zu „schwierigen" – ist, nach der folgenden Fragestellung vorzugehen: Wie würde ich mit einem Erwachsenen reden?

Verabredungen treffen!

Verabredungen müssen in Ruhe und meistens zu zweit oder in kleiner Runde getroffen werden. Wenn es dabei um einzelne Schüler geht, sollten sie nicht im Plenum stattfinden. Verabredungen funktionieren nur, wenn sie „echt" sind, d. h., ich muss dem anderen immer Gelegenheit geben, seine Sichtweise und seine Vorstellungen in Ruhe zu äußern, und ich muss ihm das Gefühl geben, dass ich auch wirklich zuhöre und mich mit seinem Standpunkt auseinandersetze. Verabredungen sind deshalb immer Kompromisse zwischen zwei unterschiedlichen Sichtweisen. Sie funktionieren nur, wenn sie von beiden Seiten wirklich akzeptiert sind. Der Lehrer sollte bereit sein, sein eigenes Verhalten zu überdenken, und den Schülern Gelegenheit geben, thematische Wünsche zu äußern. Klassisches Beispiel für eine Verabredung, die beide Seiten einbezieht:

> Die Schüler kommen pünktlich zum Unterricht und der Lehrer beendet die Stunde pünktlich.

Meistens ist es sinnvoll, Verabredungen schriftlich festzuhalten und auch Konsequenzen zu verabreden, die bei der Nicht-Einhaltung folgen.

Konsequenzen ziehen

Alle hier genannten Vorschläge gehen immer davon aus, dass der Lehrer (so gut er kann!) guten Unterricht mit relevanten Themen vorbereitet hat und nach Möglichkeit den unterschiedlichen Lernvoraussetzungen und Interessen der Schüler durch differenzierte Angebote gerecht wird.
Generell gilt: Konsequenzen sollten vom Lehrer niemals aufgeregt getroffen werden. Jede Beschimpfung bewirkt das Gegenteil, jedes Brüllen vermittelt nur den Eindruck von Unsicherheit und Schwäche. Das „Zauberwort" heißt: Konsequenzen geschäftsmäßig ziehen! Sachlich, sehr deutlich (unter Umständen auch kurz einmal laut), aber knapp und klar, ohne Aufregung! Außerdem: Jetzt ist nicht die Gelegenheit für Diskussionen! Wenn die eigene

Aufregung (noch) zu groß ist, mit Konsequenzen besser warten, bis man selbst ruhiger ist („Wir reden nach der Stunde!"). Im Zweifel ganz „renitente" Schüler („Nö, ich geh nicht raus!") eher ignorieren und kurzfristig „gewinnen" lassen („Wir sprechen nach der Stunde darüber!") als sich vor der Klasse auf (für die „Zuschauer" spannende) Machtkämpfe einzulassen. Wer so reagiert, zeigt seine Souveränität, zeigt, dass er die Situation bestimmt (und sich nicht bestimmen lässt). Die anderen Schüler sind dann eher bereit, sich von den Störern zu distanzieren und diese von sich aus zu disziplinieren.

- Statt langer Debatten über Störungen besser zügig in der Sache weitermachen!
- Die Schüler vor allem durch deutliche, knappe, aber klare Mimik und Gestik nonverbal ermahnen!
- So oft wie möglich „natürliche" Konsequenzen anwenden, z.B. aufräumen oder putzen, wenn möglich (Sek. I) auch nach dem Unterricht.
- In Klassen, in denen insgesamt eine konstruktive Atmosphäre herrscht, können auch die Schüler (beispielsweise im Klassenrat) Vorschläge für Konsequenzen machen.

Am Stundenanfang Ruhe herstellen

Der Lehrer sollte es vermeiden, bei Unruhe am Stundenanfang minutenlang mit mehr oder weniger genervtem Gesichtsausdruck und erhobener Hand stumm vor der Klasse zu stehen. Zu Beginn sollte man sich einmal kurz und deutlich auch akustisch bemerkbar machen (z.B. „Ruhe, bitte!" oder „Ich möchte anfangen!" rufen), um dann leiser weitersprechend so zügig wie möglich mit dem Unterrichtsthema zu beginnen.

Sollten die Schüler längere Zeit nicht reagieren, ist es sinnvoll, die Störung eher zu ignorieren als unterschwellig zu vermitteln: „Hört mir doch mal endlich zu (bitte, bitte...)." Man sollte den Schülern besser mit der inneren Haltung begegnen: „Ich bin gut vorbereitet auf guten, interessanten Unterricht. Wenn ihr den nicht wollt, habt ihr Pech gehabt!"
Ignorieren kann man z.B., indem man abwartet, aus dem Fenster guckt, sich ans Pult setzt oder an die Tafel schreibt: „Sagt Bescheid, wenn ihr fer-

tig seid!“ Man sollte bereit sein, ein solches „Spiel“ auch einmal eine längere Zeit lang „durchzuziehen“. Es wird für die Schüler meistens ziemlich schnell langweilig! Die verlorene Zeit beim Stundenbeginn kommentarlos an der Tafel notieren unter dem Button: Zeitfresser – das ist die Zeit, die nachgearbeitet wird; die gewonnene Zeit für zügiges Aufräumen oder rasches Beginnen als Pluszeit sammeln – für eine Spielstunde.

Sehr wichtig ist es, mit welcher Haltung der Lehrer der Klasse begegnet. Eine negative innere Einstellung und Erwartung wird von den Schülern sofort gespiegelt („self-fulfilling prophecy“). Das funktioniert aber zum Glück andersherum genauso: Wie man in den Wald hineinruft ...!

Unterrichtsphasen

Die Phasen einer Unterrichtsstunde oder einer sich über mehrere Stunden erstreckenden Unterrichtssequenz sind so etwas wie die Kapitel eines Buches. Sie strukturieren den Ablauf, erleichtern die Übersicht, bringen Abwechslung und Tempo in den Unterricht, bieten Halte- und Ruhepunkte und damit Gelegenheit zu besserer Orientierung und neuer Aufmerksamkeit. Eine genaue Planung einzelner Phasen erleichtert es dem Lehrer, für methodische Vielfalt im Unterricht zu sorgen und den thematischen roten Faden der Stunde nicht aus den Augen zu verlieren. Darüber hinaus liefern sie die notwendige Transparenz und sorgen nachhaltig für eine wachsende Planungskompetenz auch auf Seiten der meisten Schüler.
Weil alle besser lernen, wenn sie wissen, was Sache ist, ist es wichtig, jede Phase einer Stunde mit einer eigenen „Kapitelüberschrift" zu versehen, aus der klar hervorgeht, worum es inhaltlich in der jeweiligen Phase geht und was dieser Aspekt mit dem Thema der Stunde zu tun hat. Es lohnt sich, diese Themen der einzelnen Unterrichtsphasen schülergerecht zu formulieren, sodass die Schüler sich (von der ersten Klasse an) etwas unter der jeweiligen Überschrift vorstellen können. Diese „Kapitelüberschrift", dieses Thema der Phase, sollte sich in erster Linie auf den Inhalt beziehen, kann aber zusätzlich einen Hinweis zur Methode geben, z. B.: „Unterrichtsgespräch – Worum geht es im Text?"

Phasen im traditionellen Unterricht

Die klassische Unterrichtslehre unterteilt die Stunde in die Motivations-, Erarbeitungs-, Anwendungs- und Ergebnissicherungsphase. Dieses schematische Modell des Unterrichts orientiert sich fast ausschließlich am klassischen Frontalunterricht, in dem der Lehrer das Lernen der Schüler weitestgehend bestimmt und kontrolliert. Bereits die Wortwahl macht deutlich, dass Schüler nach diesem Verständnis zum Lernen grundsätzlich erst motiviert werden müssten, dass also die Unterrichtsgegenstände oder Themen des Unterrichts nicht an sich interessant, motivierend sind, sondern der speziellen Aufbereitung durch den Lehrer bedürfen.

Die Erarbeitung erfolgt klassischer Weise in der Form eines fragend-entwickelnden Unterrichtsgesprächs, in dem die Schüler in der Regel häppchenweise durch eine Vielzahl sich verengender Fragen an die Sache „herangeführt" werden. Auch dieses Verfahren basiert letztlich auf der Auffassung, dass wir es mit unmündigen Lernern zu tun hätten, die die Verantwortung für ihr Lernen an einen „Beibringer" abgetreten haben, der allein die Spur des Erlaubten setzt und dabei permanent die vermeintliche Spreu der „falschen" (weil nicht erwünschten oder noch häufiger nicht erwarteten) Antworten vom Weizen der guten, „richtigen" Antworten trennt – selbst wenn es sich dabei zumeist nur um kleinste Weizenkörner handelt. Eine kritische Analyse des Erarbeitungsunterrichts finden Sie im Kapitel „Unterrichtsgespräche".

Auch der Terminus „Ergebnissicherung" erweckt den Eindruck, dass der Stoff der Stunde am Ende nur noch einmal „gesichert" werden müsse, auf dass er dann „sitzt". So sehr es Sinn macht, im Unterricht auf den Punkt zu kommen und sich zu vergewissern, ob die Schüler auch etwas mitgenommen und wirklich etwas gelernt haben, gibt es dazu bessere Wege, beispielsweise ein individuelles „Lernresümee" der Schüler am Ende der Stunde oder ein Feedback zum persönlichen Lernertrag (siehe dazu die Kapitel „Das Ende von Stunden oder Arbeitsphasen" und „Feedback").

Guter Unterricht umfasst immer einen Mix aus gemeinsamen, „frontalen" Phasen und Phasen, in denen die Schüler überwiegend selbstständig, allein, zu zweit oder in kleinen Gruppen „individualisiert" lernen. Der Mix ist erforderlich, weil beide Unterrichtsformen unterschiedliche Vorteile für die lernenden Schüler mit sich bringen: Die individualisierten Phasen sind unerlässlich, um den höchst unterschiedlichen Lernvoraussetzungen der Schüler einer Lerngruppe besser gerecht zu werden. Dennoch braucht es auch Phasen gemeinsamen Unterrichts: Sie sind beispielsweise notwendig für die konstruktive Dynamik einer Lerngruppe, das „Wir-Gefühl" einer Klasse oder um gemeinsam über ein Thema nachzudenken und möglichst viele inhaltliche Gesichtspunkte berücksichtigen zu können.
Professionell gestaltete „frontale" Phasen sind also auch Bestandteil zeitgemäßen guten Unterrichts. Obwohl doch „Frontalunterricht" in jeder aktuellen Veröffentlichung und jeder pädagogischen und bildungspolitischen Debatte als die Wurzel allen Übels erkannt wurde? Das Problem ist unserer Über-

zeugung nach nicht „Frontalunterricht", sondern schlecht gemachter Frontalunterricht. Professionell gestaltete gemeinsame Unterrichtsphasen hingegen dienen der inhaltlichen und methodischen Bereicherung des Unterrichts und können auch in einem individualisierten Unterricht das Lernen der Schüler befördern.

Literaturtipp:
Herbert Gudjons: Frontalunterricht – neu entdeckt. Integration in offene Unterrichtsformen, Klinkhardt 2003

Hier ein Vorschlag für eine sinnvolle Phasierung des Unterrichts, die lernbiologischen Voraussetzungen gerecht wird und eine förderliche Mischung aus gemeinsamen und individualisierten Phasen darstellt.

Beispiele für sinnvolle Unterrichtsphasen

1. Warming Up

Niemand mag und kann gut lernen oder sich wirklich auf ein Thema einlassen, wenn ein Lehrer mit der Tür ins Haus fällt und dabei womöglich noch schlechte Laune verbreitet. Deshalb klappt es mit dem Lernen meistens besser, wenn der Lehrer erst einmal Kontakt zu seinen Schülern herstellt und selbst „Lernlaune" verbreitet. Vorschläge dazu, wie man Schülern das „Ankommen" erleichtert (und sich selbst dadurch das Unterrichten) und ihre Lern- und Aufmerksamkeitsbereitschaft fördert, finden Sie im Kapitel „Unterrichtseinstiege".

2. Das Stundenprogramm

Das Offenlegen des Stundenprogramms zu Beginn der Stunde (nicht immer als Erstes!) dient einer sinnvollen Ritualisierung und schafft damit einen Rahmen von Verlässlichkeit und Klarheit. Es hilft dabei, die Schüler auf die „Lernspur" zu bringen, sie inhaltlich ins Boot zu holen und ihnen Sicherheit über den Ablauf zu geben. All das erleichtert es Lernern, sich auf ein Lern-Setting, auf Unterricht einzulassen.

Zum Stundenprogramm gehören

- das Thema der Stunde: schülergerecht, auf den Punkt und eher „spritzig" formuliert! Also nicht: „Die schriftliche Multiplikation", sondern: „Schrift-

lich einfacher multiplizieren“. Oder besser noch als Frage: „Wie kann ich schriftlich einfacher multiplizieren?“ Diese Frage kann auch an der Tafel als Überschrift stehen und als Fragestellung für ein Unterrichtsgespräch genutzt werden.

- die Begründung des Themas. Dies erfolgt mündlich und stiftet Transparenz im Hinblick auf Lernchancen und Ziele. Damit entsteht eine Orientierung, die für eine Schlussauswertung des Lernertrags sehr wichtig ist (siehe dazu die Kapitel „Das Ende von Stunden oder Arbeitsphasen“ und „Feedback“).
- die Themen (und ggf. Methoden) der einzelnen Phasen (die „Kapitelüberschriften“) und die geplante Dauer der einzelnen Phasen.

Beispiele und genaue Erläuterungen finden Sie im Kapitel „Unterrichtseinstiege“.

Webtipp:
www.flickr.com/photos/guterunterricht => „Stundenprogramme“

3. Das Vorwissen der Schüler zum Thema erfragen

Das kurze Wiederholen bereits behandelter Inhalte ist der traditionelle Stundeneinstieg per se. Es liegt in der Natur der Sache, holt die Schüler dort ab, wo sie sich befinden, und organisiert von vornherein Erfolge, weil hier an

Sicherheiten angeknüpft wird. Dies ist auch eine Form intelligenter Redundanz. Die Schüler können hier ihre Kenntnisse zusammontragen und gegebenenfalls neue Fragen aufwerfen oder akzentuieren, was sie noch nicht verstanden haben. Das muss ja nicht in der Weise geschehen, wie es leider immer noch vorkommt: „Was haben wir noch letzte Stunde gemacht?" Geeignet ist neben einem kurzen Unterrichtsgespräch (siehe Kapitel „Unterrichtsgespräche") auch die spielerische Wiederholung des Stoffes, zum Beispiel in Form von Quizspielen. Zahlreiche Vorschläge dazu finden Sie im Kapitel „Unterrichtseinstiege".

Bei allen neuen Themen, Inhalten, Problemstellungen bietet es sich in der Regel an, die Schüler zunächst nach ihrem Vorwissen zu befragen. Dies mag in Form eines Unterrichtsgesprächs geschehen, kann aber auch – je nach Vorerfahrung und Selbstständigkeit der Klasse – in eine selbstständige Partner- oder Gruppenarbeit münden, in der die Schüler selbst ihr Wissen zusammentragen, aufschreiben, präsentieren und mit den anderen gemeinsam zu Themenkomplexen ordnen.

Die Fragen der Schüler könnten dann in einem zweiten Durchgang formuliert und eingesammelt werden, sodass sich hier Interessengruppen bilden, die sich nach thematischen Aspekten zusammenfinden. Dies darf natürlich nicht „pro forma" geschehen, sondern der Lehrer muss in seinem Unterricht mit diesen Vorkenntnissen oder Kompetenzen auch arbeiten, darauf Bezug nehmen, sie vertiefen und gegebenenfalls klären oder richtigstellen.

Eine weitere sehr sinnvolle Form, die Vorkenntnisse der Schüler zu erfragen, besteht darin, dass sie zu bestimmten Fragen, Sachverhalten, Phänomenen oder Problemen zunächst eigene Hypothesen formulieren. Doch Vorsicht! Dies macht nur dann Sinn, wenn es überhaupt möglich ist, entweder durch Geistesanstrengung, aufgrund von Vorwissen oder auf der Basis von Schulbüchern, Bücherkisten, der Recherche im Internet sich so auf ein Thema einzustimmen, dass man in der Lage ist, begründet Hypothesen zu formulieren! Das ist häufig aber nicht möglich, oft auch wenig sinnvoll und letztlich nur dann ertragreich, wenn mit diesen Hypothesen wirklich gearbeitet wird. Die Schüler müssen also Gelegenheit haben, die Hypothesen zu überprüfen. Zu oft führt das beliebte „Äußern von Vermutungen" unnötig vom Weg ab, weil der Lehrer letztlich nur auf ein festgelegtes Ergebnis hinaus will und die Schüler mit ihren Vermutungen bloß raten, was das wohl sein könne.

4. Info und Unterrichtsgespräch

Die Alternative zum erarbeitenden, fragend-entwickelnden Unterrichtsgespräch heißt Info. Es gibt viele Dinge, die sinnvoller, besser und nachhaltiger durch gut gemachte Infos vermittelt und geklärt werden können als durch lähmend-ermüdende Frage-Antwort-Spiele zwischen dem Lehrer und wenigen einzelnen Schülern. Das Info kann vom Lehrer gegeben werden (siehe Kapitel „Lehrer-Infos"), aber auch von einem Schüler oder einer Schülergruppe (siehe Kapitel „Ergebnisse präsentieren").
Zu jedem guten Info gehört immer ein kurzes anschließendes kurzes Unterrichtsgespräch, etwa mit der Fragestellung: Was habe ich Neues, Interessantes, Bemerkenswertes erfahren oder gelernt bzw. was ist offen geblieben, was habe ich nicht verstanden?

5. Arbeitsauftrag

Ein gelungener Arbeitsauftrag ist auf Anhieb für alle verständlich, nachvollziehbar und meistens auch durch visuelle Hilfsmittel unterstützt. Es müssen darin Fragen der Sozialform (Einzelarbeit, Partner-, Gruppenarbeit), der Methodik vorgestellt und kurz begründet werden sowie der Ablauf (Stationsverfahren, Werkstatt, verschiedene Arbeitsaufgaben usw.) und das Zeitbudget erklärt werden. Auch ist – sofern dies nicht ritualisiert ist – der Umgang mit den Ergebnissen (Selbstkontrolle, Prüfstation, Experten, Präsentation usw.) anzusprechen, sowie die Rolle und Aufgaben des Lehrers, d. h., vor allem seine Möglichkeiten und Grenzen als Berater.

6. Selbstständige Arbeit

In jedem guten Unterricht wird es eine Phase der selbstständigen Schülerarbeit geben. Diese wird natürlich auch häufig Elemente der selbstständigen Informationsrecherche allein oder in Gruppen beinhalten und dadurch eine explizite Info-Phase überflüssig machen. In jedem Fall ist die Phase der selbstständigen Schülerarbeit mehr als die klassische „Stillarbeit", denn selbstständiges, aktives und vor allem erfolgreiches Lernen ist mit leisem Austausch verbunden, erzeugt also eine produktive Unruhe, über deren Ausmaß die Beteiligten korrigierend mitbestimmen sollten.

© Susanne Petersen

Sinnvolle selbstständige Arbeit ist mehr als Üben, Trainieren, Wiederholen, mehr als das bloße Ausfüllen von Arbeitsblättern! Sicherlich gehört auch das von Zeit zu Zeit dazu und macht – gewissermaßen als „Fitnesstraining" – Sinn. Vor allem Aufgaben, die „intelligentes Üben" ermöglichen, sind für erfolgreiches Lernen unerlässlich. Für eine gemeinsame Ergebniskontrolle solcher Arbeitsblätter im Plenum ist die Zeit jedoch zu schade und der Lerneffekt für die einzelnen Schüler zumeist gleich null. Hier müssen Möglichkeiten der Selbstkontrolle der Ergebnisse für die Schüler vorbereitet sein.

Spannend, ertrag- und im besten Sinne lehrreich sind Aufgaben, bei denen die Schüler beispielsweise selbstständig Literatur auswerten, einen Rechercheplan aufstellen, Interviews vorbereiten, Rollenspiele trainieren oder eine Präsentation vorbereiten.
Ausführliche Informationen zur selbstständigen Arbeit finden Sie im Kapitel „Selbstständig lernen – individualisierter Unterricht".

7. Ergebnisse präsentieren

Die Phase, in der die Schüler Ergebnisse der selbstständigen Arbeit präsentieren, gehört zu den besonders anspruchsvollen und schwierig zu gestaltenden Unterrichtsphasen. Das liegt einerseits daran, dass die Phase am Ende einer Stunde oder Unterrichtssequenz liegt, wo die Aufmerksamkeit und Konzentration der Schüler natürlich nachgelassen hat. Zum ande-

© Susanne Petersen

ren vergisst man als Lehrer oft, diese Phase besonders sorgfältig zu planen, weil sie doch ein vermeintlicher „Selbstgänger" ist – nach dem Motto: „Wer will denn noch mal seine Ergebnisse vorführen?" Im besten Fall – zumeist in der Grundschule – sind die Kinder stolz, sich und ihre Ergebnisse präsentieren zu dürfen. Das Interesse der anderen, der Zuschauer hält sich dabei aber oft in Grenzen: Kein Wunder, sie haben sich ja bereits selbst intensiv mit der gleichen Sache beschäftigt und warten jetzt eher ungeduldig auf ihren „Auftritt". Ab Klasse 5 sinkt auch das Interesse an der eigenen Präsentation. Die Schüler tun sich zunehmend schwer damit, vor ihren Klassenkameraden aufzutreten, um etwas vorzustellen. Das Problem, die Aufmerksamkeit der Zuschauer zu erhalten, wird dadurch erschwert, dass viele Gruppen mit der Vervollkommnung oder Fertigstellung ihrer eigenen Arbeit beschäftigt sind und noch gar nicht bereit scheinen, auf die Ergebnisse der anderen zu schauen. Oft „stimmt" auch das Klima in der Klasse nicht, das notwendig ist, um eine wertschätzende Beurteilung der Zuhörer zu erhalten. Immer fällt es allen leichter, die Haare in der Suppe zu finden. Hinzu kommt, dass viele fast nur für die Lehrperson oder für eine Note auftreten, worunter das Interesse an der Sache und den inhaltlichen Ergebnissen leidet. Häufig haben die Klassen Erfahrungen mit „peinlichen", unverständlichen, zu leisen Auftritten ihrer Mitschüler und können dem umso weniger abgewinnen, weil sie ganz ähnliche Ergebnisse haben und ihnen unverständlich bleibt, warum nun gerade diese Gruppe etwas vorträgt. Wie man solche Probleme umgehen kann und wie man professionelle Präsentationen gestaltet, können Sie im Kapitel „Ergebnisse präsentieren“ nachlesen.

8. Stundenschluss

Zu einer runden Stunde gehört immer auch eine Schlussphase. Stunden, die am Ende beiläufig „zerfließen“, vermitteln allen Beteiligten den Eindruck, dass die Stunde wohl nicht so wichtig war. Das meistverbreitete Ritual zum Stundenschluss ist das Erteilen der Hausaufgabe. Interessantere und sinnvollere Alternativen finden Sie in den Kapiteln „Das Ende von Stunden oder Arbeitsphasen“ und „Feedback“.

Die hier vorgestellten Beispiele für Unterrichtsphasen sind Möglichkeiten für die sinnvolle Gestaltung und Phasierung von Unterricht. Sie sind selbstverständlich kein schematisches Korsett. Gelungener Unterricht kann auch ganz anders phasiert sein und manchmal nur aus einem Teil der genannten Phasen bestehen. Der Ablauf mit acht Phasen bietet aber ein Gerüst, aus dem sich mit Sicherheit guter Unterricht „bauen“ lässt. Dieser Ablauf eignet sich auch für Unterrichtssequenzen, die länger als eine Stunde dauern.

Übersicht: Beispiel für eine sinnvolle Unterrichtsphasierung:

1. Warming Up: Kontakt herstellen – Lernlaune schaffen
2. Stundenprogramm: Was ist warum Thema? Was erwartet die Schüler?
3. Vorwissen klären: Wiederholung oder Vorwissen zu neuen Themen
4. Info: Lehrer- oder Schülerinfo oder schriftliche Infos
5. Arbeitsauftrag: So klar und knapp, dass Schüler ohne Nachfragen die selbstständige Arbeit beginnen können.
6. Selbstständige Arbeit: Allein, zu zweit oder in Gruppen, intelligentes Üben mit Selbstkontrolle und komplexe Lernaufgaben
7. Ergebnisse präsentieren und über Ergebnisse reflektieren
8. Stundenschluss

Unterrichtsphasen trennen

Damit die didaktische Absicht der Phasierung wirksam werden kann, ist eine deutliche Trennung der einzelnen Phasen von großer Wichtigkeit. Dazu wird die Aufmerksamkeit der Schüler gezielt aus der vorangegangenen Phase abgezogen und auf die neue Phase gerichtet. Häufig reicht eine kurze Zäsur durch den Lehrer, der beispielsweise anhand des Stundenprogramms verdeutlicht, dass der Unterricht nunmehr in eine neue Phase tritt: „Wir kommen jetzt in die Phase 4!" Er zeigt das am schriftlichen Unterrichtsprogramm und nennt das Thema dieser Phase.

Manchmal reicht das aber nicht aus, weil die Schüler noch sehr intensiv mit ihrer Arbeit beschäftigt sind und sich nicht davon trennen können und wollen. Das gilt insbesondere für Phasen selbstständigen Lernens. Bevor es mit der gemeinsamen Arbeit weitergehen kann (etwa, um Ergebnisse zu präsentieren), müssen die Schüler sehr deutlich von ihrer bisherigen Aktivität getrennt werden, nicht ohne ihnen dabei Gelegenheit zu geben, erst einmal „Luft zu holen", bevor eine Phase gemeinsamer Arbeit und neuer Konzentration möglich wird.

Oft spürt man als Lehrer Widerstand von Schülern, die sich von ihrer Arbeit nicht trennen wollen. Aufforderungen wie „Kannst du jetzt auch mal den Stift weglegen?", oder „Kannst du jetzt endlich auch mal nach vorne schauen?", signalisieren, dass viele Schüler noch gar nicht bereit für etwas anderes sind, noch voll in ihrer Sache stecken. Ohne eine klare Trennung von ihren unmittelbaren (oft auch noch unvollendeten) Aktivitäten bleibt die Situation diffus und unklar.

Häufig ist eine räumliche Veränderung ein erfolgreiches Verfahren, um einen Schnitt zu machen. Beispielsweise können sich die Schüler im Halbkreis um die Tafel aufstellen, an der Arbeitsergebnisse präsentiert werden. Manchmal braucht es jedoch einen deutlicheren Schnitt. Dann kann es hilfreich sein, die Aufmerksamkeit auf ein völlig neues, ganz anderes Thema zu richten (z. B.: „Bitte denkt morgen an das Geld für unseren Ausflug!"). Dadurch wird kurzfristig und sehr deutlich die Aufmerksamkeit der Schüler von der bisherigen Tätigkeit abgezogen und auf das neue Thema gerichtet, um anschließend sofort mit dem eigentlichen Thema fortzufahren. „Ich denke, jetzt sind eure Köpfe wieder frei, sodass ihr euch auf die Präsentation der Ergebnisse konzentrieren könnt." Jochen und Monika Grell („Unterrichtsrezepte") haben dieses Verfahren „Auslöschung" genannt; wegen der negativen Konnotation dieses Begriffs, der darüber hinaus bei Praktikern nach wie vor Unverständnis auslöst, haben wir uns für den Terminus „Phasentrennung" entschieden.

Die Kunst einer solchen Phasentrennung besteht darin, einerseits die Aufmerksamkeit der Schüler schnell von der bisherigen Aktivität abzuziehen, ohne aber mit dem kurz dazwischengeschobenen Thema gewissermaßen ein neues Fass aufzumachen. Deshalb ist es unerlässlich, den Schülern die Begründung für eine solche Phasentrennung zu vermitteln. In der Regel reicht es aus, diese Methode einmal grundsätzlich zu begründen. Die Schüler wissen dann auch in Zukunft Bescheid, was es damit auf sich hat, wenn der Lehrer ein neues Thema ganz kurz zwischen zwei Unterrichtsphasen „schiebt".

Ein „Phasentrenner" ist eine äußerst effektive Methode, um schnell Aufmerksamkeit für frontale Unterrichtsphasen zu schaffen. Er fördert darüber hinaus die konstruktive Lernatmosphäre – ganz im Gegensatz zu den bloß disziplinierenden Varianten. Dennoch ist die Methode kaum bekannt und wenig verbreitet, ruft bei Referendaren wie gestandenen Lehrern immer wieder Erstaunen hervor und stößt auf Skepsis.

Damit ein „Phasentrenner" funktioniert, sollte man auf Folgendes achten:

- Ein Phasentrenner sollte kurz sein – sonst wäre die „Phasen trennende Aktivität" ja eine eigene Phase!
- Nach einem Phasentrenner sollte der Lehrer ohne die kleinste Pause sofort und zügig mit dem Thema der neuen Phase weitermachen, also zum Beispiel so: Nachdem man zur Phasentrennung einen Zungenbrecher gemeinsam ein paar Mal gesprochen hat, sagt der Lehrer sofort (z. B.): „Ich möchte jetzt von euch hören, was ihr in der selbstständigen Arbeit geschafft habt!"

Möglichkeiten einer deutlichen Phasentrennung

- Die Sitzordnung verändern; beispielsweise einen Stuhlkreis bilden.
- Einen einfachen Rhythmus vorklatschen, den die Schüler aufnehmen (vorklatschen – nachklatschen).
- Ein bekanntes Lied singen; besonders geeignet sind Lieder mit Bewegung, z. B. in der Grundschule: „Das Zottelpferd“, „Pferderennen“, „Löwenjagd“, „Ein kleiner Matrose“.
- Das Aufräumen von Stationen oder anderen selbstständigen Arbeitsphasen durch ein (klassisches) Musikstück begleiten.

Webtipps:
www.spielekiste.de/archiv/
www.familie-hauenstein.de/links/kinder/lieder.htm

- Einen Rap sprechen (beispielsweise im Englischunterricht: „I say go, go, go – go, went, gone!“)
- Ein Gedicht gemeinsam sprechen oder als „mündlicher Lückentext“ (Der Lehrer spricht das Gedicht vor und lässt beim Sprechen Lücken, die die Schüler im Chor ergänzen).
- Zungenbrecher
  - Der Kaplan klebt Pappplakate.
  - Zwischen zwei Zwetschgenzweigen zwitschern zwei geschwätzige Schwalben.
  - 20 Zwerge zeigen Handstand: 10 im Wandschrank, 10 am Sandstrand.
  - She sells seashells at the seashore.

Webtipp:
www.zzzebra.de/index.asp?themaid=341 (Zungenbrecher)

Die folgenden Vorlagen einer „Stundenplanungshilfe“ regen dazu an, Unterrichtssequenzen in deutlich getrennte Phasen zu gliedern. In die erste Vorlage sind Ankerbegriffe, „Merkposten“ analog zum obigen Vorschlag für eine sinnvolle Phasierung sowie Anhaltspunkte für die Dauer der einzelnen Phasen bereits eingetragen. Daran schließt sich ein Blanko-Formular an, das man für die individuelle Stundenplanung verwenden kann.

Name: .... Schule: .... Mentor/in: ....

Datum: .... Klasse: .... Fach: ....

Stundenplanungshilfe

Stundenthema (Frage): ....

....

....

Stundenziele:...

....

Phase	Zeit	Thema der Phase: Schülergerecht formuliert!	Stichworte zu **Ablauf, Begründung, Sozialform, Medien**
1	1–5 Min.	Ankommen „Aufwärmen" „Lernlaune" machen	
2	1–2 Min.	Stundenthema Fragestellung Stundenprogramm	
3	2–3 Min.	Stoffwiederholung oder Vorwissen / Hypothesen der Schüler	
4	2–3 Min. 2–4 Min.	Info zum Thema (Lehrer oder Schüler) U-Gespräch über das Info (Aha-Erlebnisse / Fragen)	→ Nicht immer (aber immer öfter ...!)
5	1–2 Min. 10–30 Min. ca. 5 Min.	– Lehrer-Info zur selbstständigen Arbeit – Selbstständige Arbeit (Anwendung, Recherche, Hypothesenprüfung) – Ggf. selbstständige Ergebniskontrolle (Lösungsblatt)	
6	10–30 Min.	Präsentation von Ergebnissen der selbstständigen Arbeit und anschließendes U-Gespräch zu den Inhalten und der Form der Präsentation	Präsentation entweder „richtig" oder gar nicht!"
7	3 Min.	Stundenschluss / Feedback	

Stundenplanung

Name: .... Mentor/in: ....

Klasse: .... Klasse: ....

Stundenthema: .... Datum: ....

Stundenziele: ....

....

Phase	**Uhrzeit**	Thema der **Phase** und Stichworte zum **Ablauf**	Darauf **achte ich** besonders. Das **sage** ich. Mögliche **Stolpersteine** und meine Reaktionen.	Stichworte zur **Begründung**
1				
2				
3				
4				
5				
6				
7				

Unterrichtseinstiege

Der Lehrer legt in den ersten Minuten den Grundstein für den Verlauf der Stunde: Kann in dieser Stunde etwas Wichtiges gelernt werden oder ist das Lernen bloß Selbstzweck (der Stoff ist halt „dran")? Kann Lernen Spaß machen oder ist es eine ernste Angelegenheit, bei der Lachen verboten ist? Werden „ressourcenreiche Zustände" (NLP) bei den Lernern mobilisiert und so erfolgreiches Lernen erst möglich gemacht oder werden eher Blockaden vermittelt? Hat Lernen vor allem etwas mit Angst zu tun – mit Angst vor Fehlern und manchmal auch vor unberechenbaren Lehrern – oder mit Neugier, echten Fragen und möglichen Aha-Erlebnissen?

Deshalb muss ein guter Stundeneinstieg auch nicht immer gleich „zur Sache" kommen. Um gut lernen zu können, um viel lernen zu können, um wirklich Fortschritte zu machen, muss man erst mal in „Lernlaune" kommen! Jochen und Monika Grell nennen das etwas hochgestochen das „Auslösen positiver reziproker Affekte", im NLP heißt es etwas genauer das Mobilisieren „ressourcenrcicher Zustände": Wie wichtig das ist, weiß jeder, der schon erfahren hat, zu welchen Höchstleitungen er oder sie im „entspannten" Zustand, z. B. im Urlaub, in der Lage ist – und wie einem genauso von einer Minute zur nächsten die Erinnerung an ein sehr unangenehmes Erlebnis nicht nur die Laune verhageln, sondern obendrein alle Kraft nehmen kann.

Literaturtipp:
Joseph O'Connor, John Seymour: Neurolinguistisches Programmieren. Gelungene Kommunikation und persönliche Entfaltung, VAK-Verlag 2005, 16. Aufl.

Andererseits ist es sinnvoll, den Schülern von Anfang an klar zu sagen, worum es geht. Doch Vorsicht! Auch wer seinen Schülern sagt, was sie in der Stunde lernen können und warum das für sie wichtig oder interessant ist, darf nicht vergessen, dass das Thema des Unterrichts auch das Thema der „Kunden" werden muss! Das heißt: Der Lehrer darf seine Schüler nicht einfach „verdonnern", sondern muss ihnen eine Problemstellung vermitteln, mit der zu beschäftigen bzw. die zu lösen sich für die Schüler wirklich lohnt. Erst, wenn das gelingt, sind die nötigen Voraussetzungen zum erfolgreichen Lernen erfüllt.

Wer seine „Kunden" wirklich erreichen will, muss am Beginn der Stunde drei Dinge berücksichtigen:

- gute Lernlaune herstellen;
- sagen und begründen, was Sache ist;
- ein echte Frage zum Ausgangspunkt des Unterrichts machen.

Die traditionellen Wege des Einstiegs sind heute wenig wirksam, häufig wirken sie geradezu kontraproduktiv:

Die klassische Motivationsphase: Wer Schüler zum Lernen locken, verführen, „motivieren" will, signalisiert ihnen damit deutlich: Das, worum es hier eigentlich gehen soll, ist unangenehm, schwierig, lästig. Deshalb musst du, lieber Schüler, abgelenkt, überlistet werden, damit du nicht merkst, dass die „Stoff-Pille", die du schlucken musst, bitter ist.
Wir glauben, dass „Stoff" zwar sicherlich oft anstrengend und mühsam ist, manchmal auch wirklich bitter. Trotzdem sollten Schüler lernen, dass Lernen oft mühsam, aber echtes Lernen fast immer spannend ist und dass es sich lohnt, die Mühe auf sich zu nehmen! Allerdings sind viele Schüler von der „Motivationspädagogik" dermaßen verdorben, dass sie erst mühsam wieder lernen müssen, dass die Lerngegenstände selbst genügend Motivationskraft besitzen. Deshalb ist es überflüssig und schädlich, um den heißen Brei herumzureden, statt ganz einfach und ohne künstliche Schnörkel zu sagen, was im Unterricht Thema ist! Darüber hinaus ist es in Zeiten von professionellem Infotainment (angefangen von der „Sendung mit der Maus" bis hin zu interaktiven Lernprogrammen auf CD-ROM und im Internet) und von unzähligen Gameshows im Fernsehen wirklich unrealistisch zu glauben, dagegen könne ein Lehrer mit seinem bestenfalls bemühten „Motivationszirkus" ankommen.

Die klassische Erarbeitungsphase: Auch sie beruht auf einem nur schwer auszurottenden Gerücht: Dass echtes Lernen nur dann geschehe, wenn die Schüler alles, was sie lernen sollen, quasi selbst herausfinden. Dieses Modell taugt aber nur so lange, wie es prinzipiell möglich ist, die Sache selbst herauszufinden. Es gibt eine Reihe von Themen, bei denen es sinnvoll ist, zunächst begründete Hypothesen zu formulieren, um diese anschließend zu überprüfen oder durch Sachinformationen zu klären. Es gibt aber wesentlich mehr Unterrichtssituationen, in denen es nicht sinnvoll und ganz oft schlicht unmöglich ist, die Sache durch Nachdenken, Spekulieren oder Hypothesenbildung selbst zu erschließen. In diesen Fällen kommt es dann zu jenen den Schülern wohl vertrauten Ratesituationen, in denen mühsam im Nebel herumgestochert wird und in denen es irgendwann nur noch um die eine Frage geht: Worauf will der Lehrer bloß hinaus – und warum sagt er es uns nicht einfach?!

Professionelle Alternativen zu diesem „fragend-entwickelnden Gespräch" finden sich in den Kapiteln „Unterrichtsgespräche" und „Lehrer-Infos".

Wie kann man gute Lernlaune schaffen?

Es gibt zum Einstieg in eine Stunde für den Lehrer nichts Wichtigeres, als Kontakt zu seinen Schülern herzustellen und wirklich in Kontakt mit seinen Schülern zu sein. Dazu braucht man keine aufwändigen Inszenierungen, keine sprühenden Ideen, keine anspruchsvolle Vorbereitung. Kontakt herstellen heißt zunächst, die Schüler aufmerksam beobachten, ihnen zuhören und so signalisieren: Ich interessiere mich für euch! Auch der zweite Schritt zur guten Lernlaune kostet nichts, braucht keine Vorbereitung, keine tollen Ideen. Wer seine Schüler erreichen will, muss ihnen unmissverständlich signalisieren: Ich bin gern hier! Ich bin gern Lehrer! Ich mag mein Fach! Mich interessiert das Thema des Unterrichts!

Wer die Klasse mit einem miesepetrigen Gesicht betritt, wer von Anfang an ausstrahlt, es ist eine Zumutung, hier zu unterrichten, ihr Schüler mit eurer Ignoranz, Frechheit und Dummheit seid eine Zumutung, den Stoff will ich mit dem geringstmöglichen Aufwand abspulen, der hat nicht die geringste Chance, seine Schüler zu erreichen und echtes Lernen in Gang zu setzen. Eindrucksvoll wurde die Wichtigkeit von „Laune", ohne die man nicht lernen kann, von Seiten der aktuellen neurobiologischen Forschung bestätigt.

Literaturtipps:
Manfred Spitzer: Lernen. Gehirnforschung und die Schule des Lebens, Spektrum Akademischer Verlag 2006
Aljoscha Neubauer, Elsbeth Stern: Lernen macht intelligent, DVA 2007

Es ist nicht immer einfach, Kontakt zu seinen Schülern herzustellen, und es gibt Tage, an denen man sich als Lehrer ganz schön zusammenreißen muss, den Schülern freundlich, zugewandt und inspirierend zu begegnen. Deshalb ist es wichtig, über ein Repertoire an Ideen zu verfügen, was man darüber hinaus tun kann, um Lernlaune zu schaffen:
Weil der Einstieg in die Stunde auch so etwas wie ein Phasenübergang ist (von der Pause oder von einer anderen Stunde), eignen sich alle Ideen aus dem Abschnitt „Unterrichtsphasen trennen“ (siehe Kapitel „Unterrichtsphasen“) auch als Stundeneinstiege!

Weitere Möglichkeiten:

Ein Spiel oder ein Quiz! Selbst das alte ausgelutschte „Galgenspiel“ ist oft besser als gar nichts! Ein „Bringer“ für alle Klassenstufen ist Tafelfußball (als „Vocab Soccer“ in):

Literaturtipps:
Thomas Unruh, Dorothea Nadzeika-Humbaraci: The Real Activity Book, Klett 1998
Für die Sekundarstufen hilft in (fast) jeder Einstiegslage:
Thomas Unruh: Grundwissen Allgemeinbildung, AOL-Verlag 2002

Die Frage des Tages

Eine besonders effektive Form des Unterrichtseinstiegs ist das Ritual einer „Frage des Tages“: Der Lehrer stellt zu Beginn der Stunde eine interessante Frage und gibt – ähnlich wie bei Quizspielen im Fernsehen – drei oder vier Antwortvorgaben. Die Schüler zeigen mit der Anzahl ihrer hochgehaltenen Finger an, was ihrer Meinung nach die richtige Antwort ist.

Beispiel:
Wer dreht sich um wen?

1. Die Sonne um die Erde.
2. Die Sonne um sich selbst.
3. Die Erde um sich selbst.

Besonders gut geeignet sind Fragen, deren Antworten überraschend sind und neugierig darauf machen, ein bisschen mehr zu dem Thema zu erfahren, zum Beispiel:

Wie schnell ist die durchschnittliche Geschwindigkeit eines Schmetterlings?

1. 5 km/h
2. 32 km/h
3. 60 km/h

Wie viel elektrische Energie wird in Europa für den Standby-Betrieb elektrischer Geräte im Jahr verbraucht?

1. So viel, wie der Hamburger Hafen benötigt.
2. So viel, wie die Stadt Berlin benötigt.
3. So viel, wie das Land Griechenland benötigt.

Um jederzeit für interessante Fragen des Tages vorbereitet zu sein, sollte man immer eines der zahlreichen Bücher mit geeigneten Fragen und Antworten in der Schultasche bereit haben. Noch besser ist es, sich darin zu trainieren, spontan gute, pfiffige Fragen des Tages selbst zu erfinden. Besonders geeignet für solche spontanen Fragen sind aktuelle Anlässe: Das Wetter, jahreszeitliche Ereignisse, aktuelle Vorkommnisse, politische Ereignisse. Das Ausdenken von Fragen und pfiffigen Antworten lohnt sich, weil so ein Gefühl für die „Denke“ von Schülern geschult wird, also für das, was Kinder und Jugendliche interessieren, neugierig machen, überraschen könnte. Um diese Fähigkeit zu trainieren, sollte man sich angewöhnen, mit offenen Augen und Ohren durchs Leben zu gehen und regelmäßig Zeitung zu lesen – mit der Haltung: Könnte dahinter vielleicht eine interessante Frage des Tages für meine Schüler stecken?

Natürlich ist es schön, wenn eine Frage des Tages inhaltlich zum Thema des Unterrichts passt, das muss aber nicht sein! Auch Fragen, die völlig andere Themen als das Unterrichtsthema berühren, können die didaktischen Funktionen eines Unterrichtseinstiegs mit einer Frage des Tages erfüllen:

Eine Frage des Tages zu Beginn des Unterrichts schafft schnell auf angenehme und elegante Art Aufmerksamkeit und Konzentration. Sie signalisiert den Schülern: Hier, in diesem Unterricht und bei diesem Lehrer soll und kann gelernt werden, und zwar Wichtiges und Interessantes. Und Lernen geschieht hier in einer guten, positiven, freundlichen Atmosphäre. Die Frage des Tages ist somit auch ein exzellentes Instrument, um die zum erfolgreichen Lernen so wichtige „Lernlaune" auf Seiten der Schüler zu schaffen.

Trotzdem sollte dieses Ritual nur sparsam eingesetzt werden: Also bitte nicht in jeder Stunde! Schüler, egal welcher Altersstufe, lieben die Frage des Tages. Und sind manchmal sogar bereit, sich eher an Regeln zu halten, wenn es dafür morgen wieder eine Frage des Tages gibt …

Webtipp:
www.geolino.de (Interessante Phänomene; kindgemäß erklärt und präsentiert)

Wie kann man sagen, was Sache ist?

Obwohl alle eigenen Erfahrungen und alle lerntheoretischen Erkenntnisse eindeutig bestätigen, dass jeder besser lernt, wenn er weiß, worum es geht, hält sich unter Lehrern hartnäckig der Glaube an die Bedeutung des „Überraschungsunterrichts": „Wer den Schülern vorher sagt, worum es geht, nimmt ihnen doch die Überraschung!" Die meisten „Überraschungen" entpuppen sich allerdings als Mogelpackungen: Entweder verlangsamt ihre „Entdeckung" (womöglich sogar „geheimnisvoll") den Unterricht unnötig und produziert auf diese Weise unerwünschte Störungen oder die „Überraschung" entlockt den Kindern oder Jugendlichen, die von zu Hause, aus ihrem privaten Umfeld und nicht zuletzt dem Fernsehen schlicht Besseres gewohnt sind, nur ein müdes Lächeln. Deshalb macht es Sinn, zu Beginn einer Unterrichtsstunde ein Stundenprogramm zu veröffentlichen, in dem das Thema der Stunde und die Themen der Unterrichtsphasen kurz und präzise benannt werden.

Thema: Wann helfen oder nützen mir Sprichwörter?

8:00	*Warming up: Sprichwörter ergänzen*
8:03	*Wiederholung: Sprichwörter „übersetzen“*
8:06	*Beispiele zu Sprichwörtern (Hausaufgabe)*
8:15	*Info: Bedeutung der Sprichwörter*
8:20	*Wann helfen Sprichwörter? (Partner / Gruppe)*
8:35	*Unterrichtsgespräch: Wann helfen Sprichwörter?*
8:40	*Was haben wir heute gelernt?*

Ein solches Stundenprogramm bietet nicht nur den (entscheidenden) Vorteil, dass die Schüler ganz einfach besser lernen können, wenn sie wissen, was Sache ist. Das Lernen wird darüber hinaus durch die klare Phasengliederung erleichtert: Der Lehrer kann im Lauf der Stunde immer wieder auf das Stundenprogramm Bezug nehmen: „Wir kommen jetzt, wie ihr seht, zum 4. Kapitel unserer Stunde: Ich werde euch etwas zur Bedeutung von Sprichwörtern erzählen.“

Schließlich ermöglicht das Stundenprogramm einen für Lehrer wie Schüler gleichermaßen sinnvollen Rückblick auf die Stunde (siehe Kapitel „Feedback“). Das Stundenprogramm dient dann dazu, sich noch einmal den Ablauf und den Inhalt dieser Unterrichtssequenz zu vergegenwärtigen, um sich selbst darüber Rechenschaft abzulegen, was man in der Stunde gelernt hat und an welchen Stellen der Stunde man warum gut oder weniger gut lernen konnte, und um dem Lehrer ein entsprechendes Feedback zu geben. Aus den genannten Gründen ist es sinnvoll, ein Stundenprogramm schriftlich zu formulieren, es also an die Tafel zu schreiben oder zu Hause eine Folie für den OHP vorzubereiten. Wer das nicht schafft, sollte das Programm wenigstens mündlich bekannt geben. Das ist immer noch besser als kein Stundenprogramm oder der beliebte Überraschungsunterricht!

Wie macht man eine Frage zum Thema des Unterrichts – und zum Thema der Schüler?

Der Einstieg in den Unterricht ist also bisher gut gelaufen: Der Kontakt zu den Schülern wurde hergestellt, gute Lernlaune ist geschaffen, es ist geklärt, was in der Stunde Sache ist. Um die Köpfe und Herzen der Schüler wirklich zu „kriegen“, sollte der Lehrer – wo immer möglich – versuchen, das Thema der Stunde zum Thema der Schüler zu machen.
Der entscheidende Schritt besteht darin, sich (zunächst selbst) die Frage zu stellen: Was ist das Problem? Anders ausgedrückt: Beinhaltet das Thema überhaupt ein Problem, das zu lösen oder zu bearbeiten wirklich sinnvoll ist? Ein Problem, das auch aus der Sicht der Schüler ein „echtes“, ein für sie relevantes Problem sein könnte? Bei der Planung von gutem Unterricht hilft häufig die provozierende Kontrollfrage „Ja, und?!“ Zum Beispiel: „Unser Thema heute: Die Flächenberechnung von Dreiecken.“ – Ja, und?! Oder: Was ist das Problem?!

Ein einfacher Trick besteht darin, das Thema der Stunde als eine echte Frage zu formulieren. Die echtesten Fragen sind Fragen der Schüler. Der einfachste Weg, die Schüler wirklich zu erreichen, besteht deshalb darin, ihre Fragen zum Ausgangspunkt, zum Thema des Unterrichts zu machen.

Beispiel: *Wie bekommt man eigentlich AIDS?*

Wenn es keine Schülerfragen zum Thema des Unterrichts gibt, sollte der Lehrer sich bemühen, das Thema als interessante Frage zu formulieren, die das Nachdenken in den Köpfen seiner Schüler in Gang setzt.

Beispiel: *Nicht: Thema „Vulkane“, sondern: „Warum brechen Vulkane aus?“ Oder: „Gibt es in Deutschland Vulkane?“ Oder: „Warum gibt es in Deutschland keine aktiven Vulkane?“*

Sicherheitshalber sei darauf hingewiesen, dass wir hier nicht dem hehren Ideal des „kognitiven Konflikts“ das Wort reden, ihn quasi heimlich durch die Hintertür wieder einführen wollen. Wohl gemerkt: Der „kognitive Konflikt“ ist eine feine Sache, aber – wie der sokratische Dialog – leider nicht alltagstauglich für jemanden, der in der Woche bis zu 30 Stunden guten (!) Unterricht machen will und soll!

Die Formulierung des Unterrichtsthemas als Frage bietet einen weiteren Vorteil: Die Ausgangsfrage zieht sich als „roter Faden“ durch die Stunde. Sie hilft dabei, das eigentliche Thema nicht aus den Augen zu verlieren, denn das Ziel der Stunde besteht natürlich darin, die Frage am Ende beantworten zu können. Wenn ich am Ende der Stunde weiß, warum Vulkane ausbrechen, dann kann ich wirklich sagen, ich habe etwas gelernt (und ich weiß auch, was!).

Spannende Probleme für richtig guten Unterricht liegen im Übrigen quasi vor der Haustür und lassen sich in fast allen Fächern zum Ausgangspunkt machen: Aktuelle Ereignisse aus Gesellschaft, Politik, Natur! Ein Blick in die Tageszeitung bietet eine Fülle von Möglichkeiten: Politische Kontroversen (die nicht nur Stoff für den Unterricht in Geschichte oder Politik bieten) ebenso wie die kurzen Nachrichten aus „Vermischtes“, die fantastische kreative Schreibanlässe und Stoff für lebendige Unterrichtsgespräche und echte „Aha-Erlebnisse“ bieten, ganz zu schweigen von Naturkatastrophen und Unglücksfällen, die jede Menge von „Warum“-Fragen auslösen! Aktuelle Themen sind eine wahre Fundgrube für guten Unterricht, in der viel zu selten „gewühlt“ wird!

Selbstständig lernen – individualisierter Unterricht

© Thomas Unruh

Die Notwendigkeit, dass Schüler in der Schule lernen und üben und dies zunehmend möglichst selbstständig sowie zunehmend auch selbstverantwortlich tun sollten, wird weder von Lehrern noch von Bildungspolitikern oder Erziehungswissenschaftlern bestritten. Gerade in den letzten Jahren ist angesichts der großen Heterogenität in den einzelnen Klassen – auch im dreigegliederten Schulwesen in Deutschland – die Forderung lauter geworden, den sehr unterschiedlichen Lernvoraussetzungen innerhalb einer Lerngruppe besser gerecht zu werden und damit möglichst alle Schüler optimal zu fördern. Das aktuelle Zauberwort heißt „individualisierter Unterricht". Es findet zunehmend Eingang in die Bildungs- und Rahmenpläne der Bundesländer. Einige Bundesländer starten gar „Fortbildungsoffensiven", um Lehrer fit zu machen für die Herausforderungen eines stärker individualisierten Unterrichts.

Im individualisierten Unterricht lernen Schüler weitgehend selbstständig, allein, zu zweit oder in kleinen Gruppen, jedenfalls ohne direkte Instruktion durch die Lehrkraft. Leider sieht die Praxis „selbstständigen Lernens" in vielen allgemeinbildenden Schulen spätestens ab Klasse 5 so aus: Stillarbeit, also das individuelle Ausfüllen von Arbeitsblättern. Im Anschluss daran erfolgt in der Regel eine gemeinsame Ergebniskontrolle bzw. die „Präsentation" von Arbeitsergebnissen. Unabhängig davon bleibt die Lehrmethode Nummer eins an deutschen Schulen der klassische belehrende Frontalunterricht und das Lernen im Gleichschritt. Das gilt selbst noch für manche Grundschulen.

Aus Kreisen der Wirtschaft wird seit Jahren beklagt, dass Schulabgänger in der allgemeinbildenden Schule zu wenig gelernt hätten, selbstständig und in Teams Probleme zu lösen. Beklagt wird das „Schmalspurdenken" von Schülern, die ausschließlich auf Anweisung lernen und handeln könnten. Nicht zuletzt, weil auch die PISA-Studien einen äußerst kritischen Finger auf diese Wunde legten und weil immer deutlicher wird, dass Kinder und ganz besonders Jugendliche immer weniger „hinter dem Ofen hervorzulocken" sind mit langweiligem frontalem „Zuhörunterricht", erfährt das Thema „Selbstständig lernen" einen regelrechten Boom und wird in den Bildungs- und Lehrplänen aller Bundesländer massiv gefordert.

Zeitgemäßer Unterricht, der die Eigenverantwortung und Selbstständigkeit der Lerner unterstützt, wird damit unterschiedlich „gelabelt", zum Beispiel: selbst organisiertes / selbst gesteuertes / selbst verantwortetes / autonomes Lernen oder individualisierter Unterricht. Guter individualisierter Unterricht bedeutet jedoch nicht, dass die Schüler ausschließlich individuell lernen, sondern dass sie in von der Lehrkraft arrangierten Lernsituationen arbeiten, die für ihre jeweiligen Lernschritte am funktionalsten sind. Dies kann sowohl in Einzelarbeit, in kooperativen Lernformen oder in von der Lehrkraft gelenkten, eher instruierenden Situationen geschehen. Das heißt, mit Hilbert Meyer gesprochen, ein gesunder Mischwald ist besser als Monokultur. Keinesfalls ist „individualisierter Unterricht" gleichzusetzen mit (ausschließlich oder überwiegend) individuellem Lernen. Nachhaltiges und erfolgreiches Lernen erfolgt auch im individualisierten Unterricht wesentlich im Diskurs mit anderen und im Lernen voneinander.

Webtipp:
www.institut-beatenberg.ch

Literaturtipp:
Martin Herold, Birgit Landherr: SOL – Selbst organisiertes Lernen, Schneider Verlag Hohengehren 2005

Die wichtigsten Gründe für selbstständiges Lernen:

1. Veränderte Schüler

Kinder und Jugendliche von heute sind anders als früher. Über negative Entwicklungen wird in Lehrerzimmern oft geklagt: Die Schüler wüssten und könnten weniger als früher, seien unkonzentrierter, regelloser, aggressiver und weniger anstrengungsbereit als früher. Auf der anderen Seite attestieren Forschungsergebnisse Kindern und Jugendlichen von heute größeren Individualismus, der zu wachsender Heterogenität in den Klassen führt, gewachsenes Selbstvertrauen und u. a. eine Reihe neuer Kompetenzen und Kenntnisse, beispielsweise über sachunterrichtliche Themen bereits in der Grundschule oder Kompetenzen im Auftreten, beispielsweise beim Präsentieren.

Literaturtipps:
Klaus Hurrelmann, Mathias Albert: Jugend 2006. 15. Shell Jugendstudie – Eine pragmatische Generation unter Druck, Fischer 2006
Baacke, Dieter: Die 13- bis 18-Jährigen, Beltz 2009

Webtipp:
www.shell.de/jugendstudie
KIM-Studie und JIM-Studie zum Freizeitverhalten und zur Computer- und Mediennutzung von Kindern und Jugendlichen zum PDF-Download: www.mpfs.de

Obwohl zum Teil dramatische Veränderungen allerorten konstatiert, oft sogar beklagt werden, werden daraus noch nicht immer die notwendigen Konsequenzen für den Unterricht gezogen. Selbstständiges Lernen ist eine sinnvolle Möglichkeit, den veränderten Kindern und Jugendlichen besser gerecht zu werden.

2. Erlernen von Schlüsselqualifikationen

Die Beherrschung von Schlüsselqualifikationen wird heute ganz selbstverständlich in vielen Stellenanzeigen gefordert. Ähnlich wie das Thema Allgemeinbildung (siehe Kapitel „Allgemeinbildung“) wird auch in diesem Bereich von Seiten der Wirtschaft Mangel festgestellt. In vielen Ausbildungsunternehmen steht deshalb das Thema „Nachhilfe in Sachen Schlüsselqualifikationen“ am Beginn der betrieblichen Ausbildung.

Webtipp:
www.schule-wirtschaft.de

Unerlässliche Schlüsselqualifikationen, deren Training im traditionellen Frontalunterricht zu kurz kommt, sind:

- selbstständig Probleme zu lösen, statt vorgegebene Antworten auswendig zu lernen,
- kompetente Fragen stellen zu können, statt ausschließlich Fragen zu beantworten,
- der Mut, Fehler zu machen, statt diese ängstlich zu vermeiden,
- mit anderen erfolgreich zu kooperieren, statt sich als Einzelkämpfer abzustrampeln,
- mit anderen erfolgreich zu kommunizieren, statt ihnen ängstlich aus dem Weg zu gehen.

Selbstständiges Lernen bietet von der Methodik her geeignete Voraussetzungen zum Erwerb eben dieser Schlüsselqualifikationen.

Literaturtipps:

Gustav Keller, Wilhelm Hitzler: Schlüsselqualifikationstraining, Auer 2005
Horst Belz, Marco Siegrist: Kursbuch Schlüsselqualifikation – Ein Trainingsprogramm, Lambertus 2000
Susanne Petersen: Rituale für kooperatives Lernen in der Grundschule und in der Sekundarstufe I, Cornelsen 2010, 4. Aufl.
Heinz Klippert, Frank Müller: Methodenlernen in der Grundschule – Bausteine für den Unterricht, Beltz 2009, 4. Aufl.
Margrit Weidner: Kooperatives Lernen im Unterricht: Das Arbeitsbuch, Kallmeyer 2003
Ludger Brüning, Tobias Saum, Norm Green, Kathy Green: Erfolgreich unterrichten durch Kooperatives Lernen, Neue Deutsche Schule 2008
Stephan Wottreng: Handbuch Handlungskompetenz: Einführung in die Selbst-, Sozial- und Methodenkompetenz, Cornelsen 2002, 3. Aufl.

3. Burn-out

Selbstständiges Lernen ist ein erfolgreiches Mittel gegen Burn-out. Bei allen gut gemachten Formen selbstständigen Lernens braucht der Lehrer zunehmend weniger als Disziplinator in Erscheinung zu treten, als derjenige, der jederzeit alle und alles im Griff hat. Solches zu leisten (oder zu glauben, es tun zu müssen) strengt einfach sehr an. Es ist deshalb kein Wunder, dass sich viele Lehrerinnen und Lehrer erschöpft, „ausgebrannt“ fühlen: Die Zahl der Frühpensionierungen spricht Bände! Doch auch die Lehrer, die weiterhin vor der Klasse stehen, bleiben in einem Teufelskreis stecken: Wie soll ein „ausgebrannter“ Lehrer seine Schüler „entflammen“, für Themen des Unterrichts begeistern? Und wer will es den Schülern verübeln, wenn sie gelangweilt, demotiviert und im schlimmsten Falle, massiv störend reagieren? Selbstständiges Lernen liegt deshalb nicht allein im Interesse der Lernenden, sondern genauso im Interesse der Lehrerinnen und Lehrer! Eine klassische Win-win-Situation!

Literaturtipps:
Cary Cherniss: Jenseits von Burnout und Praxisschock, Beltz 1999
Thomas Unruh: Der Lehrer-Coach, AOL-Verlag 2009, 3. Aufl. (Zeitmanagement)

4. Mehr lernen

Alle aktuellen Untersuchungen zeigen, dass viele Ergebnisse schulischen Lernens unbefriedigend sind. Nach wie vor aber heißt der am häufigsten benutzte (und deshalb allein schon ziemlich ausgetretene) Weg: Alle Schüler machen zur gleichen Zeit das Gleiche, im Unterricht redet immer nur einer, alle lernen immer dasselbe. Dass dieser Weg nicht ans Ziel führt, ist bekannt. Alternative Formen des selbstständigen Lernens eröffnen Möglichkeiten, dass Schüler mehr lernen, besser lernen, mehr behalten, mehr wissen und Gelerntes besser anwenden können.

Merkmale selbstständigen Lernens:

- Schüler arbeiten weitgehend ohne direkte Instruktion der Lehrkraft.
- Sie können aus mehreren Lernangeboten auswählen.
- Sie arbeiten gleichzeitig an unterschiedlichen Aufgaben.
- Die Lernaufgaben sind interessen- und leistungsdifferenziert.
- Die Aufgaben werden allein, zu zweit oder in Gruppen bearbeitet.
- Ergebnisse können mithilfe von Lösungsblättern selbst oder gegenseitig zu zweit korrigiert werden. Ergebnisse werden präsentiert, kommentiert und verbessert.

Selbstständiges Lernen und individualisierter Unterricht praktisch

Im *offenen Unterricht* ist das selbstständige Lernen durchgängiges Unterrichtsprinzip. Es bezieht sich also nicht bloß auf den Bereich des Übens und Lernens, sondern beispielsweise auf die selbstständige Erarbeitung von Inhalten durch forschendes und entdeckendes Lernen sowie die Einbeziehung außerschulischer Lernorte. Den Einzelnen wird hier viel Wahl gelassen, im individuellen Tempo, den eigenen Interessen folgend, sich Lernaufgaben zu suchen und sich an deren Bewältigung weiterzuentwickeln.

Literaturtipp:
Michael Bannach, Lydia Sebold, Brigitte Wehmeyer: Wege zur Öffnung des Unterrichts, Oldenbourg 1997

Webtipp:
http://offener-unterricht.net/ou/start-offu.php (Offener Unterricht)

Im *Projektunterricht* steht ebenfalls der Realitätsbezug des Lernens im Vordergrund genauso wie das Lernen mit Kopf, Herz und Hand. Die Ergebnisse eines Projekts sind anfassbare Produkte, beispielsweise Broschüren, Plakate oder Spiele. Eine Wirkung und Beeinflussung der Umgebung und Umwelt wird erhofft.

Webtipp:
www.zum.de/Faecher/Materialien/leupold/projekt/index.html (Projektunterricht)

Literaturtipp:
Dagmar Hänsel: Projektunterricht, Beltz 1999

Im *Werkstattunterricht* bearbeiten die Schüler selbstständig unterschiedliche Aspekte eines übergreifenden Themas – etwa die „Frühlingswerkstatt“. Dadurch, dass einzelne Schüler Experten („Chefs“) für bestimmte Bereiche sind, spielt der Gedanke der „Schüler als Lehrende“ hier eine wichtige Rolle.

Webtipp:
www.lehrer-online.de/215191.php (Werkstattunterricht)

Literaturtipp:
Anders Weber: Was ist Werkstatt-Unterricht?, Verlag an der Ruhr 1998

Stationenlernen ist eine weitere Spielart des selbstständigen Lernens. Nach dem Prinzip des „Zirkeltrainings“ laufen die Schüler nacheinander verschiedene vorbereitete Lernstationen an. Die folgende Arbeitskarte erleichtert es Schülern und dem Lehrer, den Überblick über das Geschaffte und den Erfolg zu behalten.

Arbeitskarte				
Station Nummer oder Thema der Station	Erledigt am	**Kontrolliert von** ... Name des zuständigen Stationsexperten / „Chefs“	+ Positive Erfahrungen an der Station	- Negative Erfahrungen an der Station / Verbesserungsvorschläge
1				
2				
3				

Checkliste für die Planung von Stationsarbeit

1. Ist die Methode für dieses Thema und diese Klasse geeignet?
2. Wie viele Stationen sind sinnvoll?
3. Wie genau werden die einzelnen Stationen gestaltet?
4. Welches sind Pflicht-, welches Wahlstationen?
5. Wie umfangreich ist das Material / sind die Aufgaben für die einzelnen Stationen?
6. Wie ist die Stationsarbeit organisiert?
   a) Wann und wie werden die Stationen gewechselt?
   b) Wie lange kann an den einzelnen Stationen gearbeitet werden?
7. Wo werden die Stationen aufgebaut? Nur im Klassenzimmer oder beispielsweise auch auf dem Flur?
8. Welche Verhaltensregeln gelten?
9. Welche Rolle „spielt" der Lehrer?
10. Was soll mit Ergebnissen geschehen?
    a) Checkliste: Was habe ich geschafft?
    b) Wie werden Ergebnisse kontrolliert / verglichen?
    c) Was soll abgegeben / präsentiert werden?

Literaturtipps:
Roland Bauer: Lernen an Stationen in der Grundschule, Cornelsen 1997
Ders.: Schülergerechtes Arbeiten in der Sekundarstufe I. Lernen an Stationen, Cornelsen 1997

Die Arbeit mit *Wochenplänen* ist gerade im Fremdsprachenunterricht verbreitet. Diese Arbeitspläne beziehen sich häufig auf die Arbeit mit dem Lehrbuch (Unit Plans). In ihnen sind Aufgaben zur selbstständigen Arbeit formuliert. Sie beziehen sich auf unterschiedliche Zeiträume (eine bis mehrere Unterrichtsstunden).

Literaturtipps:
Peter Huschke, Marei Mangelsdorf: Wochenplanunterricht, Beltz 1994
Dieter Vaupel: Das Wochenplanbuch für die Sekundarstufe. Schritte zum selbstständigen Lernen, Beltz 1998

Der Begriff *Freiarbeit* wird oft synonym verwendet für verschiedene Formen des selbstständigen Lernens. Im ursprünglichen Sinn wird darunter ein thematisch weniger zielgerichtetes Lernangebot im Klassenraum verstanden, das nicht unbedingt einem bestimmten Fach zugeordnet ist, aus dem die Schüler frei auswählen können. Häufig handelt es sich dabei um Lernangebote zum Üben und Wiederholen, möglich sind auch kleine projektorientierte Aufgaben.

Literaturtipp:
Horst Bartnitzky, Reinhold Christiani: Die Fundgrube für Freie Arbeit. Das Nachschlagewerk für Einsteigerinnen und Fortgeschrittene, Cornelsen 1998

Vielfältige Aufgaben und Lernangebote können als *Lernkartei* präsentiert werden. Das Typische der Lernkartei besteht darin, dass in der Regel jede Karte nur in wenigen Exemplaren vorhanden ist und von mehreren Schülern nacheinander bearbeitet werden kann. Die Karten sind deshalb besonders schön gestaltet und laminiert. Andere Lernkarteien eignen sich besonders, um individuell Faktenwissen zu trainieren. Diese sind in der Regel so aufgebaut, dass auf der Vorderseite eine Frage und auf der Rückseite der Karte die jeweilige Antwort steht, beispielsweise selbst erstellte Vokabelkarteien.

Besonders geeignet ist diese Form der Lernkartei, wenn sie nach dem 5-Fächer-Prinzip verwendet wird: Gewusster Stoff wandert jeweils ein Fach weiter (so lange, bis er insgesamt viermal gewusst wurde) oder wandert – falls nicht gewusst – zurück in Fach 1.

Literaturtipp:
Peter Fenske: Das kleine Buch vom Lernen. Grundlagenbuch zur 5-Fächer-Lernbox, AOL-Verlag 1992

Webtipp:
www.batzelt.de (Lernkartei zum Selbstbau)

Eine zeitgemäße und erfolgreiche Form des selbstständigen Lernens ist die *Arbeit mit Computer und Internet.* Insbesondere die Beispiele der selbstständigen Arbeit mit Notebooks zeigen, dass das Lernen auf diese Weise wirklich eine neue Dimension erhält, weil die Schüler in keiner anderen Lernform das Lernen wirklich so deutlich zu ihrer Sache machen, weil sie nirgendwo sonst stärker bestimmen, was und wie sie lernen, und dabei zugleich häufig eindrucksvolle Ergebnisse produzieren. Das selbstständige Lernen mit Notebooks wird Schule und Unterricht drastisch verändern. Schüler, die weitgehend selbstständig Themen beispielsweise im Internet recherchieren und Ergebnisse und Produkte mithilfe der neuen Medien präsentieren, machen die traditionelle Beibring- und Belehrungsschule quasi von selbst überflüssig. Lehrer sind in dieser neuen Schule nicht überflüssig, aber ihre Rolle und Aufgaben wandeln sich enorm. Und auch dieses geschieht fast von selbst – ob man es nun will oder nicht!

Literaturtipp:
Ausführliche Hilfen (Arbeitsblätter) für die Vorbereitung auf eine ertragreiche Internetrecherche und die Arbeit mit im Internet gefundenen Texten in:
Thomas Unruh: Mein Methoden-Portfolio – Selbstständig lernen; AOL-Verlag 2008

Webtipps:
www.guterunterricht.de (Kategorie: Lernen mit Notebooks)
www.lernen-mit-notebooks.de

Missverständnisse

Das wesentliche gemeinsame Merkmal all dieser Unterrichtsformen ist das selbstständige Lernen der Schüler. Dieser Begriff, der sich an dem im angelsächsischen Sprachraum üblichen (learner's independency) orientiert, ist genauer und weniger ideologisch belastet als manche der oben aufgeführten Varianten. Am offenen Unterricht beispielsweise scheiden sich – ebenso wie etwa am Projektunterricht – häufig die Geister. Was von den einen zur allein sinnvollen Form des Lernens überhöht wird, wird von den anderen als Ursache allen Übels verteufelt. Gerade der Begriff der Freiarbeit ist bestens geeignet, Missverständnissen Tür und Tor zu öffnen. Die Konnotation von „frei" lässt nur zu oft (und manchmal auch nicht ganz zu Unrecht!) Assoziationen von „freizügig", von „drunter und drüber" aufkommen: Da kann wohl jeder machen, was er will, da wird doch bloß gespielt und nichts Richtiges gelernt!

Natürlich gibt es Formen sogenannten offenen Unterrichts, die einem mit Recht die Haare zu Berge stehen lassen, in denen Selbstständigkeit mit Regellosigkeit verwechselt wird. Natürlich gibt es Projekte, deren Ergebnisse banal sind, Projektunterricht, in dem nicht gelernt, sondern gegammelt wird. Es gibt Freiarbeit mit viel Freiheit und wenig Arbeit. Es gibt „individualisierten" Unterricht, in dem Schüler allein und ganz individuell im Lernbüro ein Arbeitsblatt nach dem anderen ausfüllen und in dem kaum je gemeinsamer Austausch über Fragen und Aha-Erlebnisse des Lernens stattfindet. Und es gibt traditionellen Frontalunterricht, in dem viel geredet und wenig gelernt wird. Aber es gibt natürlich auch das Gegenteil: Gut gemachten Frontalunterricht, der ertragreich ist für einen Aspekt, ein Thema – nicht aber für alle und auf Dauer.

Bauchschmerzen

Nicht zuletzt deshalb haben nach wie vor viele Lehrer heftige Bauchschmerzen mit dem selbstständigen Lernen. Die Notwendigkeit wird zwar eingesehen, aber andererseits kennt man doch seine Pappenheimer: Laura und Claudia haben gestern in der Freiarbeit schon wieder die ganze Zeit über die letzte Folge von „Verbotene Liebe“ gequatscht, statt sich mit den Arbeitsblättern zum simple past zu beschäftigen! Oder Marco und Kevin: Denen kann man doch kein Lösungsblatt zur Selbstkontrolle in die Hand geben! Die würden doch alles einfach abschreiben und nie etwas dabei lernen. Und dann diese Unruhe in der Klasse. Dabei kann man doch nicht lernen! Und was ist mit dem Stoff? Kann man sich bei all der Stofffülle so einen Luxus wie Freiarbeit überhaupt noch leisten? Es hilft doch nichts, das Lehrbuch muss schließlich geschafft werden! Bleiben nicht bei der selbstständigen Arbeit zu viele Fehler unbemerkt, die sich dann einschleifen und nur mühsam wieder zu beheben sind? Und heißt „individualisierter Unterricht“ etwa, dass der Lehrer nun individuell abgestimmte Curricula entwickeln und Aufgaben und Arbeitsblätter für bis zu dreißig Schüler individuell gestalten soll?

Eine Menge berechtigter Einwände. Und es stimmt: Manchmal erfordert das Ertragen von Unruhe im Klassenraum und von Unsicherheit, ob die Schüler wirklich gearbeitet oder nur „geschwatzt“ haben, viel Geduld. Und so manches Mal werden die Bauchschmerzen darüber, ob der eingeschlagene Weg richtig ist, so groß, dass man geneigt ist abzubrechen und doch lieber schnell in den sicheren Hafen des vertrauten Frontalunterrichts zurückzukehren. Aber es gibt bessere Wege.

Was gegen Bauchschmerzen hilft

Vertrauen in sich und die Schüler entwickeln

Es mit Formen des selbstständigen Lernens zu versuchen, wenn man von der didaktischen Intention nicht wirklich überzeugt ist, macht wenig Sinn. Es ist nicht möglich, selbstständiges Lernen erfolgreich im Unterricht zu praktizieren und heimlich an dessen Sinn oder Nutzen zu zweifeln. Es ist schwierig, selbstständiges Lernen „mal auszuprobieren“ oder anzubieten, weil es „in“ ist oder empfohlen oder gar vorgeschrieben wird. In all diesen Fällen werden einen erste Schwierigkeiten aus der Bahn werfen. Dazu gehört auch, dass keineswegs alle Schüler sofort vom selbstständigen Lernen begeistert sind. Viele merken schnell, dass selbstständiges Lernen – sofern es ernsthaft und mit Anspruch betrieben wird – keineswegs bloß „frei“ ist, sondern durchaus anstrengend. Mitunter viel anstrengender als mancher Frontalunterricht, in dem man eher auch mal abschalten kann!

Schülern den Weg plausibel begründen

Einerseits strahlt diese eigene Überzeugung auf die Schüler aus und vermag sie – wie in jedem guten Unterricht – mitzureißen. Andererseits erleichtert es die Arbeit ungemein, wenn selbstständiges Lernen nicht einfach verordnet, sondern der Weg und die didaktische Absicht plausibel begründet werden. Was für die Schüler gilt, gilt im Übrigen auch für den Lehrer. Viel Zeit investiert er in die Vorbereitung von Material und Lernaufgaben, während er in den entsprechenden Stunden selbst Beobachter, Begleiter und Berater ist, also die Kunst auch und gerade darin besteht, sich mehr und mehr überflüssig zu machen, um die Schüler bewusst in ihrer Selbstständigkeit und Kooperation zu bestärken.

Selbstständiges Lernen braucht klare Regeln

Einige klare Regeln, die mit den Schülern vereinbart werden und die für sie ebenso gelten wie für die Lehrer, bilden die Voraussetzung erfolgreicher selbstständiger Arbeit.
Zum Beispiel: Weil beim selbstständigen Arbeiten auch gesprochen wird, muss dies leise geschehen. Oder: Was genau geschieht mit Arbeitsergebnissen? Werden sie in ein Heft geschrieben (was zu bevorzugen ist!) oder auf das Arbeitsblatt? In welcher Form erfolgen die Ergebnis- und die Selbstkontrolle? Wichtig ist es, mit den Schülern zu besprechen, was es heißt, zusammenzuarbeiten, sich gegenseitig zu helfen, zu fragen und ohne Besserwisserei zu korrigieren. Und nicht zu vergessen: Was geschieht, wenn Regeln dauernd überschritten werden? Hier darf der Lehrer nicht die Verantwortung scheuen, deutliche Konsequenzen zu zeigen, die ebenfalls vorher mit der Klasse besprochen worden sind!

Regelmäßiges Feedback

Es lohnt, sich immer wieder Zeit für Feedback zu nehmen, zum Beispiel mit den folgenden Fragestellungen:

- Welche Aufgaben waren besonders interessant, welche langweilig, welche schwierig, welche (zu) einfach?

- Wie hat es mit den Regeln geklappt? Diese Frage kann auch von Schülern beantwortet werden, die dafür mit besonderen Beobachtungsaufgaben betraut wurden.
- Habe ich mich selbst an die Regeln gehalten? Was müssen wir verändern oder verbessern?
- Wie gut und konzentriert habe ich heute gearbeitet? Was ist zu verbessern, damit ich besser und konzentrierter arbeiten kann?

Der Lehrer sollte darauf achten, dass Feedback immer erst den Blick auf Gelungenes richtet und dass Kritik konstruktiv formuliert wird. Also nicht, was war schlecht, sondern, was gibt es wie zu verbessern? Daraus werden sich neue Ideen entwickeln, nicht nur konkrete Tipps für die Lehrer, sondern in zunehmendem Maße auch Anregungen, die die Schüler selbst am besten umsetzen.

Individualisierter Unterricht und gemeinsames Lernen

Guter Unterricht ist eine Mischung aus Phasen selbstständiger und gemeinsamer Arbeit. Rein quantitativ wird die selbstständige Arbeit überwiegen, um den unterschiedlichen Lernvoraussetzungen, Lerntempi und Interessen der Schüler optimal gerecht werden zu können. So, wie es in den Phasen der selbstständigen Arbeit für erfolgreiches Lernen unerlässlich ist, dass sich die Schüler neben Phasen von Einzel- bzw. Stillarbeit miteinander zu zweit und in kleinen Gruppen austauschen, so braucht es gleichermaßen auch Phasen des Austausches und der Anregung im Kontext der gesamten Lerngruppe. Sei es in gemeinsamen Unterrichtsgesprächen, Lehrerinfos oder dem gemeinsamen Nachdenken über Präsentationen. Wie Lehrer diese wichtigen „frontalen" Phasen professionell gestalten können, wird in diesem Buch in mehreren Kapiteln dargestellt.

Natürlich kann und soll kein Lehrer im individualisierten Unterricht nun bis zu dreißig individuell angepasste Curricula erstellen. Um den verschiedenen Schülern und ihren unterschiedlichen Lernmöglichkeiten gerecht zu werden, genügt es, für die selbstständige Arbeit komplexe Lern- und Übungsaufgaben bereitzustellen, die durch die Offenheit und den Umfang der Aufgabenstellung die unterschiedlich intensive Bearbeitung und innerhalb der Aufgabe selbst die Bearbeitung auf unterschiedlichen Anspruchsniveaus, mit unterschiedlicher Tiefe und mit unterschiedlichem Umfang ermöglichen. Diese Art der Individualisierung ist sinnvoller und obendrein praktikabler als das Anfertigen von unterschiedlichen Arbeitsblättern auf verschiedenen Anspruchsniveaus.

Austausch mit Kollegen

Last but not least: Es macht keinen Sinn, vorhandene Bauchschmerzen zu ignorieren! Auch wenn es nicht für jedes Problem sofort eine Lösung gibt: Manchmal tut es einfach gut, die eigenen Zweifel bloß auszusprechen. Am besten gegenüber Kollegen, die von der Richtigkeit des Weges einerseits überzeugt sind und dennoch selbst immer wieder Fragen haben!
Die eigene Rolle als Lehrer in der Weise zu verändern, dass man sich selbst im Unterricht als „Be-lehrer" stärker zurücknimmt – das geht vielleicht nicht ohne Bauchschmerzen ab! Aber es lohnt, sich damit auseinanderzusetzen – nicht zuletzt, weil man hinterher oft zufriedener aus dem Unterricht kommt als vorher!

Lernen mit Computer und Internet

Das Lernen mit Computer und Internet, den inzwischen gar nicht mehr so „neuen" digitalen Medien, wird von den Kultusministerien der Bundesländer massiv gefördert und unterstützt und setzt sich, wenn auch zum Teil vergleichsweise langsam, immer mehr in den Schulen durch. Zunehmend werden Computer in Schulen pragmatisch als unverzichtbare und hilfreiche Werkzeuge eingesetzt, die vor allem dazu dienen, besser und mehr lernen zu können! Sie sind kein Selbstzweck („Technology should be there to enhance not to replace", Thomas Mayton, Littlerock High School, Kalifornien). Sie „ent-sinnlichen" das Lernen genauso wenig, wie sie es „vereinzeln", sie „berieseln" Schüler nicht und schaffen nicht das (Nach-) Denken ab. Sie sind ganz einfach Werkzeuge für besseres und effizientes Lernen, so wie beispielsweise ein Notizblock, ein Dictionary, ein Lexikon, eine Lernkartei. Ein Computer beinhaltet diese Einzelwerkzeuge in einer besonderes effizienten Form (die beispielsweise den Austausch mit anderen sehr erleichtert) – und noch viele weitere sinnvolle Funktionen.

Es gibt in der Schule prinzipiell vier Anwendungsbereiche für Computer und Internet:

1. Recherche

Schüler finden eine bedeutsame Fragestellung, zu der sie alleine oder im Team bzw. in Gruppen forschen wollen. Die Schüler machen sich selbst schlau mittels aktueller Informationen aus dem Internet. Genau wie im Umgang mit gedruckten Informationen gehört dazu auch die Qualitätsbeurteilung der verwendeten Quellen. Dies trainieren sie, indem sie ihre unterschiedlichen Informationsquellen dokumentieren und die verschiedenen Ergebnisse sammeln, die sie möglichst nach Kriterien bewerten und in eigenen Worten zusammenfassen. Insofern ist hier auch die herausfordernde Medienkompetenzentwicklung kontinuierlich gefragt. Die Entwicklung von geeigneten Strukturierungshilfen und Kriterien zur Textauswahl sind umso bedeutsamer, als die Schüler überflutet werden von einer Fülle falscher Aussagen oder nur teilweise richtiger Texte, für deren Prüfung sie neben guter

Lesekompetenz vor allem geeignete Kriterien benötigen, um nicht wahllos auf Texte hereinzufallen, die sie nicht verstehen.

2. Produktion, Dokumentation, Präsentation und Veröffentlichung von Arbeitsergebnissen

Computer und Internet bieten eine Fülle von Möglichkeiten, Arbeitsergebnisse (z. B. die Ergebnisse einer Recherche) professionell auszuwerten, zu dokumentieren und zu präsentieren. Bei allen Verlockungen, die multimediale und interaktive Präsentationen bieten, bei allem Spaß, den die Schüler bei der Produktion solcher Präsentationen haben: Im Unterricht bleibt es dabei: Inhalt vor Form! Die neuartige, witzige, aufwändige, faszinierende Präsentation, die sich immer häufiger mit professionellen Ergebnissen ohne Weiteres messen kann, hat in erster Linie „dienende" Funktion! Das heißt: Die Form der Dokumentation oder Präsentation dient dazu, den Inhalt besser, dauerhafter, anschaulicher, motivierender „rüberzubringen"! Lieber also eine langweilige, unaufwändige Präsentation mit einem relevanten, zum Nachdenken anregenden Inhalt als letztlich substanzlose, formal aufwändige „Schaumschlägerei"! Deutlich wird leider auch, dass die Schüler oftmals die Technik des Kopierens beherrschen, aber die eingefügten Texte oftmals gar nicht inhaltlich verstanden haben. Hier ist es wichtig, mit Schülern zu trainieren, wie Informationen verstanden werden, wie „Aha-Erlebnisse" entdeckt werden können. Und Lehrer müssen wissen, wie sie beispielsweise in Präsentationen überprüfen können, ob Schüler die gesammelten Informationen auch wirklich verstanden haben.

Computer und Internet können dabei behilflich sein, eindrucksvolle Produkte sowohl in gedruckter Form (als Broschüren, Zeitungen, Poster) als auch in Form von Folienpräsentationen, Websites oder Audio- und Videoproduktionen zu erstellen und in vielfältiger Form zu veröffentlichen, gegebenenfalls sogar worldwide. Über die Arbeit an den Inhalten solcher Produktionen können die Schüler den selbstverständlichen Umgang mit Computern, den erforderlichen Programmen und dem Internet sogar „by the way" oder „on the job" erlernen.

3. Kommunikation mit anderen

In der Schule kann der schnelle Austausch von Informationen und Daten per E-Mail (und sogar per Chat) untereinander oder auch zwischen Lehrer und Schüler die Qualität der Arbeit an gemeinsamen Projekten nicht nur erleichtern, sondern auch verbessern. Dazu gehört insbesondere das Ablegen von Arbeitsergebnissen auf Dateiablagen (Servern), die allen Mitgliedern einer Arbeitsgruppe zugänglich sind.

4. Üben und Wiederholen mit spezieller Lernsoftware

Dazu gehören beispielsweise Vokabeltrainer, (spielerische) Rechen- oder Rechtschreibtrainings ebenso wie Simulationen, die beispielsweise im Geschichts- oder Politikunterricht Anwendung finden (z. B. Stadtentwicklungs- oder Wirtschaftssimulationsspiele, in denen gesellschaftliche und ökonomische Entwicklungen zum Teil recht realistisch spielerisch nachvollzogen werden können). Es gibt mittlerweile einen riesigen Markt für spezielle Lernsoftware, die meistens auch zum spielerischen Üben und Wiederholen zu Hause verwendet wird. Die Qualität solcher Programme lässt häufig noch zu wünschen übrig. Der Haupteinsatzort bleibt (wie übrigens auch von den meisten Anbietern intendiert) der häusliche PC.

Digitale Medien und individualisierter Unterricht

Je mehr Computer und Internetanschlüsse zur Verfügung stehen – bis hin zu persönlichen Notebooks mit eigenem drahtlosen Internetzugang, umso stärker verändert sich auch das Lernen: Frontaler, „belehrender" Unterricht, in dem alle Schüler zur gleichen Zeit dasselbe lernen (müssen), funktioniert nicht mehr! Stattdessen lernen die Schüler zunehmend nach ihren eigenen Interessen, dem eigenen Tempo und immer häufiger an der echten Realität als an didaktisch aufbereiteten (zubereiteten) Materialien. In „Notebook-Klassen" – in Deutschland wie in den USA – bildet das „gute, alte" Projektlernen einen neuen und wesentlichen methodischen Schwerpunkt. Keine andere Form des selbstständigen Lernens hat den Unterricht so dramatisch und nachhaltig verändert wie das Lernen mit Notebooks im Klassenraum – und das weitgehend ohne „theoretischen Überbau". Es erfordert von Seiten der Lehrer schon besondere Anstrengungen, alle Schüler an derselben Lei-

© Thomas Unruh

ne zu halten, beispielsweise, indem man ihnen ausschließlich erlaubt, bestimmte Lernsoftware zum Üben und Wiederholen zu verwenden, und das nach Möglichkeit im Gleichschritt, marsch!

Wer allerdings seine Schüler im Internet recherchieren und sie Ergebnisse der Recherche dokumentieren sowie präsentieren lässt und ihnen dabei kompetenter Ansprechpartner ist, weiß, wovon die Rede ist, wenn das Paradigma des „Lernens mit Neuen Medien" sich in der bildungspolitischen Diskussion zum „Neuen Lernen mit digitalen Medien" wandelt.

„Neues Lernen" bedeutet: Schüler als Subjekte des Lernens ernst zu nehmen, sie lernen zu lassen, statt sie zu belehren, weg von der „Beibring- und Belehrungsdidaktik", hin zu einem „learning on demand". Computer und Internet sind notwendige und äußerst hilfreiche Werkzeuge auf dem Weg dorthin.

Wie verändert das Lernen mit Computer und Internet den Unterricht?

Wie das Lernen mit Computer und Internet den Unterricht verändert, wird besonders deutlich in „Notebook-Klassen“. Die dazu veröffentlichten Erfahrungen stammen zurzeit noch überwiegend aus den USA.

Webtipps:
www.microsoft.com (Anytime Anywhere Learning)
www.lernen-mit-notebooks.de

Diese Erfahrungen zeigen beispielsweise:

Lehrer lernen gemeinsam mit ihren Schülern. Dazu brauchen sie allerdings eine Haltung, sich selbst als Lernende und nicht ausschließlich als besserwissende „Beibringer“ zu verstehen. Sie werden von „Informationslieferanten“ zu „Lernhelfern“ („facilitators“).

- Der Lehrer muss der „Modell-Lerner“ für seine Schüler werden.
- Eine neue Kultur im Umgang mit Fehlern entsteht: Strg + z, den „Rückgängig“-Knopf – englisch „undo“ – auf dem Computer drücken und es noch einmal versuchen!
- Kooperative Formen von Textüberarbeitung und -verbesserungen sind ein Leichtes geworden.
- In Schulen mit einer „bildungsfernen“ Elternschaft, beispielsweise in Harlem, New York City, zeigte sich u. a.: Der häusliche Fernsehkonsum der Schüler verringert sich signifikant; es gibt deutliche Steigerungen der Anwesenheit in der Schule und der Leseleistungen; in den Familien und zwischen den Familien untereinander wird mehr gesprochen.
- Die Schüler haben deutliche Startvorteile bei Bewerbungen um Praktikums- und Ausbildungsplätze.
- Die Schüler arbeiten häufiger mit anderen zusammen.
- Das Lernen mit Notebooks erhöht das Selbstwertgefühl der Schüler. Das gilt ganz besonders für Mädchen, die Computer-Expertinnen werden.
- Es wird mehr geschrieben.
- Die Schüler recherchieren in echten Quellen – nicht in aufbereiteten Materialien.

© Thomas Unruh

- Die Schüler recherchieren in aktuellen Quellen – nicht in häufig viele Jahre alten Schulbüchern. Das hat höchste Bedeutung vor allem im historisch-sozialwissenschaftlichen Bereich.
- Die Schüler agieren als Lehrer („peer teaching").
- Die Selbstreflexion und Selbstbewertung der Schüler verbessert sich: Nicht „Das habe ich gemacht", sondern „Das habe ich gelernt".
- Die Schüler benutzen dieselben Werkzeuge wie im wirklichen Leben: zum Forschen (mit Zugang zu den Daten und Fakten des „echten Lebens"), Denken, Handeln.

Aktuelle Perspektiven und Möglichkeiten

An vielen Schulen gibt es einen „Computerraum", in den man mit seiner Klasse ab und an für eine Stunde „geht", so wie man früher für eine Stunde in den „Filmraum" ging, um einen Film zu schauen. Also irgendwie ein besonderer Akt, so als wäre das Lernen und Arbeiten am Computer etwas Besonderes, das mit dem normalen schulischen Lernen wenig zu tun hat. Der Computerraum muss zumeist lange im Voraus gebucht werden und wird häufig von einem Kollegen verwaltet, der als „Administrator" streng darauf achtet, dass alles so eingerichtet ist und bleibt und so funktioniert, wie er sich die Arbeit mit Computern vorstellt. Der manchmal wenig bis kein Verständnis für Kollegen hat, die andere Vorstellungen haben und die dann sehen können, wie sie zurechtkommen oder sich sehr, sehr gut mit dem Administrator stellen müssen …

In diesen exotischen Computerräumen sitzen dann Schüler, von denen sehr viele zu Hause die selbstverständliche Arbeit auf vielen Ebenen mit Computer und Internet gewohnt und die sehr häufig darin auch sehr kompetent sind. Deutschland befindet sich hinsichtlich der privaten Computernutzung von Kindern und Jugendlichen auf einem der vorderen Plätze weltweit. Und auf einem der letzten der Industrienationen hinsichtlich der zeitgemäßen Nutzung von Computern und Internet in der Schule.

Die zunehmende Verbreitung von kleinen, leichten und kostengünstigen Mini-Notebooks (Netbooks) und der erweiterten Möglichkeiten, kostengünstig Internetverbindungen jederzeit und überall über Mobilfunknetze herzustellen, hat der Arbeit mit digitalen Medien in der Schule neue Impulse gegeben.

Netbooks sind einerseits leistungsfähige Computer, mit denen alle Arten digitaler Datenbearbeitung genauso gut erledigt werden können, wie mit „großen" Computern. Durch ihr sehr geringes Gewicht von nur gut einem Kilogramm kann man sie problemlos jederzeit und überall dabeihaben. Ihr vergleichsweise niedriger Anschaffungspreis macht sie für den Einsatz in der Schule besonders attraktiv. Wenn man heute vier Netbooks zu dem Preis anschaffen kann, den man noch vor Kurzem für einen Computer bezahlen musste, können viel mehr Schüler von der Arbeit mit digitalen Medien profitieren. Auch die Anschaffung von Eltern-finanzierten Netbooks für jeden Schüler wird möglich mithilfe von Finanzierungsprogrammen für Eltern mit geringen finanziellen Mitteln. Dafür gibt es bereits erfolgreiche Modelle in einigen Bundesländern.

Obwohl in vielen Bundesländern in den Ausbau von schnellen Internetverbindungen in Schulen investiert wird, sind die meisten Klassenräume in deutschen Schulen noch nicht „am Netz“. Um die Möglichkeiten der Arbeit mit Note- und Netbooks und dem Internet in der Schule optimal nutzen zu können, braucht man vor allem gut funktionierende drahtlose Internetverbindungen, um „anytime anywhere“ online gehen zu können.

Über die Möglichkeit, Internetverbindungen über Mobilfunknetze herzustellen, haben sich mehr Möglichkeiten ergeben, auch in der Schule mit Note- und Netbooks online zu arbeiten. Es gibt zahlreiche kostengünstige Angebote für „UMTS-Sticks“ mit „Internet-Flatrate“, die man an ein Note- oder Netbook steckt und über die im Stick enthaltene SIM-Karte ins Internet gehen kann. Mithilfe spezieller „Router“ kann man eine über einen UMTS-Stick hergestellte Internetverbindung via WLAN auch mit mehreren Netbooks nutzen. Damit kann man sich weitgehend unabhängig machen von der häufig unzulänglichen technischen Infrastruktur einer Schule.

Interessante und bisher noch kaum genutzte Möglichkeiten bietet die Arbeit mit Handys im Unterricht. Noch sind Handys an den meisten Schulen in Deutschland streng verboten. Natürlich muss die Verwendung von Handys an der Schule klar reguliert werden und müssen Regelverstöße deutlich geahndet werden. Handys aber komplett zu verbieten, nur weil Missbrauch möglich ist, ist absurd angesichts der vielfältigen Möglichkeiten, die dieses extrem weitverbreitete digitale Medium für das Lernen bietet: Die allermeisten Schüler verfügen heute über ein Handy, mit dem es möglich ist, Töne, Bilder und Videos aufzuzeichnen und das damit bestens geeignet ist, beispielsweise Arbeitsergebnisse oder Ergebnisse von Live-Recherchen vor Ort zu dokumentieren und für Präsentationen und Veröffentlichungen weiter zu verarbeiten. In wenigen Jahren bereits wird es zur Standardausstattung jedes Handys gehören, damit schnell und einfach ins Internet gehen zu können. Jeder Schüler ist damit ganz unkompliziert in der Lage, jedweden Sachverhalt auf die Schnelle zu googeln. Schülern das zu verbieten, erinnert dann doch irgendwie ans finstere Mittelalter, in dem das Lesen von Büchern als subversiv galt und für breite Bevölkerungsschichten reglementiert wurde.

Welches Basis-Know-how brauchen Lehrer zum Umgang mit Computer und Internet?

Um die Möglichkeiten des Lernens mit Computer und Internet zur Qualitätsverbesserung ihres Unterrichts nutzen zu können, müssen Lehrer über eine Reihe von Basisqualifikationen im Umgang mit Computer und Internet verfügen. Natürlich können und sollen die besonderen Kompetenzen einzelner Schüler in diesem Bereich genutzt werden. Der Lehrer muss aber die wichtigsten Funktionen eines Computers, der wichtigsten Software und des Internets sicher und routiniert beherrschen. Ihm fehlt es sonst einerseits an der erforderlichen Fantasie, um die Technik wirklich sinnvoll für guten Unterricht nutzen zu können. Andererseits muss er als kompetenter Berater und Lernbegleiter seiner Schüler auch in der Lage sein, Fragen seiner Schüler, die sich auf die Grundfunktionen der Technik beziehen, sicher, schnell und kompetent zu beantworten.

Dabei kommt man nicht darum herum, für die eigene Fachkompetenz in Sachen Computer und Internet relativ viel Zeit und Arbeit zu investieren. Die Gesamtthematik ist komplex und leider immer noch viel zu oft alles andere als einfach! Um Sicherheit und Routine in den wichtigsten „Basisaufgaben“ zu erlangen, muss man sie immer wieder anwenden. Der routinierte Umgang mit Computer und Internet ist mit dem Autofahren vergleichbar: Es braucht viel Zeit und Übung, um nicht mehr darüber nachzudenken, ob man nun den dritten oder vierten Gang einlegen muss – und wie das funktioniert. Dieses notwendige Training sollte man nicht auf die leichte Schulter nehmen. Hilfreich sind beispielsweise: der regelmäßige Austausch mit Kollegen, gegenseitiges Coaching, der Austausch von nützlichen Links, z. B. zu guten „Hilfeseiten“ im Internet, der Besuch von Fortbildungsveranstaltungen und Volkshochschulkursen oder die regelmäßige Lektüre von Computerzeitschriften.

Zum Leidwesen mancher Lehrer haben sich in den Schulen Programme des Hauses Microsoft weitgehend durchgesetzt. Der Austausch mit Programmen oder Dateien, die auf Macintosh-Computern erstellt wurden, ist zum Teil schwierig. Grundlegende Programme, wie der Internet Explorer als Webbrowser oder Outlook Express als E-Mail-Programm stehen kostenlos zur

Verfügung, bieten eine enorme Fülle an sinnvollen Funktionen und sind auf den meisten Rechnern installiert.

Wie macht man guten Unterricht mit Computer und Internet?

Die Schüler müssen – genau wie der Lehrer – über das grundlegende Knowhow im Umgang mit Computer, Software und Internet verfügen. Dazu gehören – neben den oben dargestellten Kenntnissen:

- Wissen, wie und wo Ergebnisse gespeichert werden,
- Grundkenntnisse der wichtigsten Programme, vor allem: Microsoft bzw. Open Office, einfache Bildbearbeitung,
- Kenntnisse der im Klassenraum verwendeten Lern-, Übungs- und ggf. Simulationsprogramme,
- Grundwissen über das Internet und darüber, wie man sich dort sicher und effizient bewegt,
- Beherrschung effizienter Internet-Recherche,
- Grundkenntnisse aktueller interaktiver „Web 2.0"-Anwendungen.

Es würde der Grundidee des „Neuen Lernens" zuwiderlaufen, diese Kenntnisse nun im Gleichschritt frontal „einzuführen". Wie auch bei anderen Unterrichtsinhalten hat sich darüber hinaus gezeigt, dass die „Halbwertzeit" solchermaßen vermittelter Kenntnisse extrem kurz ist, zumeist gerade bis zum nächsten Test vorhält. Sinnvoller und dauerhafter ist es, wenn sich die Schüler nach einer sehr kurzen Basiseinführung in die Grundprinzipien des jeweiligen Programms über das projektartige Bearbeiten inhaltlicher Aufgaben die jeweils erforderlichen Kenntnisse gewissermaßen „on demand" selbst „beibringen". Dazu müssen Online-Hilfen und Arbeitsblätter zur Verfügung stehen und natürlich kompetente Mitschüler und Lehrer, bei denen man in einzelnen Situationen nachfragen kann.

Mit Ideen für inhaltliche Projekte lassen sich bereits ganze Bücher füllen. Hier eine kleine stichwortartige Auswahl von Möglichkeiten:

- Eine Klassenzeitung erstellen und layouten (mit Word oder Publisher)
- „In 80 Tagen um die Welt!"
- Die Hitparade der fünf häufigsten Fragen von Schülern zum Thema ...
- Die wilde Welt von Klasse 6!
- Die wichtigsten Tage unseres Lebens
- Podcasts erstellen und veröffentlichen

Webtipps:
Viele Beispiele für guten Unterricht mit Computer und Internet finden sich auf dem Deutschen Bildungsserver (**www.bildungsserver.de/zeigen.html?seite=2924**) und den Landesbildungsservern aller Bundesländer, zum Beispiel auf dem Hamburger Bildungsserver (**www.hamburger-bildungsserver.de/index.phtml?site=themen.medpaed**) oder bei „LearnLine": **www.learn-line.de/angebote/neuemedien/**.

Unterrichtsgespräche

Keine andere Methode wird im Unterricht so häufig verwendet wie das Unterrichtsgespräch. Der gemeinsame Austausch, das gemeinsame Nachdenken über die Themen des Unterrichts ist immer ein Merkmal von Unterricht gewesen. Es wird auch in Zukunft wesentlicher Bestandteil eines zeitgemäßen Unterrichts sein, in dem das selbstständige Lernen – allein, mit einem Partner und in kleinen Gruppen – einen hohen Stellenwert hat und einen deutlich größeren Umfang einnimmt, als das im traditionellen Unterricht oft der Fall war.

Obwohl die Leitung und Gestaltung von Unterrichtsgesprächen zum Basis-Rüstzeug eines Lehrers gehören, lässt die Beherrschung dieses Handwerkszeugs oft zu wünschen übrig. Das empfinden auch gestandene Schulmeister so. Viele von ihnen sind mit dem Verlauf der Unterrichtsgespräche genauso unzufrieden wie ihre Schüler.

Viele Unterrichtsgespräche verlaufen unbefriedigend

Nur allzu oft verlaufen Unterrichtsgespräche folgendermaßen: Nur wenige Schüler beteiligen sich am Gespräch; viele andere träumen vor sich hin, einige beschäftigen sich mit anderen Dingen, unterhalten sich mit Mitschülern oder stören den Unterricht. Die Gespräche verlaufen zäh; ein roter Faden ist nicht zu erkennen; der Lehrer scheint auf etwas Bestimmtes hinauszuwollen, es ist aber nicht klar, was das sein könnte; das Gespräch gleicht eher einem mühsamen „Stochern im Nebel".

Viele Unterrichtsgespräche sind eher Lehrer-Schüler-Dialoge als ein gemeinsamer Austausch der Schüler untereinander. Das liegt daran, dass die Gesprächsführung des Lehrers darin besteht, pausenlos Fragen zu stellen, die dann zumeist von einem Schüler beantwortet werden, woraufhin der Lehrer eine weitere Frage stellt usw.

Diese „Gespräche" gleichen einem Ping-Pong-Spiel und tragen in sehr hohem Maße dazu bei, dass die Schüler sich „ausklinken" und noch weniger am Gespräch beteiligen. Hier werden Fragen zu Fallen; die Effekte sind empirisch nachgewiesen: Nicht nur das Übergewicht an Lehrerfragen im Vergleich zu Schülerfragen, sondern auch, dass sich Schüler das Fragen – die Basis für forschendes Lernen! – mehr und mehr abgewöhnen, da es als Ausdruck von Nicht-Wissen negativ konnotiert wird. Diese Paradoxie gilt es zu durchbrechen, dass die (scheinbar) Wissenden die (scheinbar) Unwissenden mit Fragen traktieren, auf die erstere die Antwort kennen, während letztere zu raten beginnen und sich einer Prüfungssituation ausgesetzt fühlen. Häufig ähneln Unterrichtsgespräche eher einem unverbindlichen Smalltalk nach dem Motto „Gut, dass wir mal darüber gesprochen haben ...". Sie lassen die Ernsthaftigkeit, die Verbindlichkeit und vor allem klare Ergebnisse vermissen. Dann fragen sich die Schüler (zu Recht!): „Worüber haben wir jetzt eigentlich geredet?" Und vor allem: „Wozu haben wir eigentlich darüber geredet?"

Woran liegt's?

Die intensivste „Ausbildung" in Sachen Gesprächsführung erhalten alle Lehrer in den 12 oder 13 Jahren, in denen sie selber zur Schule gegangen sind. Viele Jahre lang konnten sie tagtäglich viele Stunden lang beobachten und verinnerlichen, wie Unterrichtsgespräche ablaufen. Nur wenige hatten dabei die Möglichkeit, professionelle Modelle zu studieren. Die Mehrheit der Lehrer hat ein „Modell" der Gesprächsführung quasi mit der Muttermilch aufgesogen, das sich durch die oben charakterisierten negativen Merkmale auszeichnet. Obwohl die meisten Lehrer diese Art von Unterrichtsgesprächen selbst als unbefriedigend erlebt haben, „sitzt" das Modell der Gesprächsführung so tief, ist geradezu eingebrannt, dass es ungeheuer schwer ist, sich davon zu lösen. Jeder andere Weg erfordert sehr viel Selbstdisziplin und genaue Vorbereitung. Ansonsten fällt man sofort in das vertraute Muster zurück – mit denselben unbefriedigenden Ergebnissen, die man schon als Schüler erlebt hat.

Das Modell des „fragend-entwickelnden Gesprächs" orientiert sich an dem humanistischen Ideal von Platons „sokratischem Dialog", über Fragen zur Erkenntnis zu gelangen. Im Gegensatz zum Altmeister des kritischen Diskurses basieren die klassischen Lehrerfragen („Impulse“) jedoch zumeist darauf, dass der fragende Lehrer selbst schon weiß, wo es langgehen soll, statt sich fragend-zuhörend mit dem Gegenüber auseinanderzusetzen – abgesehen davon, dass der echte „sokratische Dialog“ ja eigentlich eine Partner- oder Kleingruppenarbeit war und sicher kein Unterrichtsgespräch!

In diesem klassischen Modell der Gesprächsführung soll – so behaupten es seine Protagonisten – das Denken der Schüler in Gang gesetzt werden. Als Musterbeispiele dafür werden der „stumme Impuls“ und der „kognitive Konflikt“ angeführt. Beide Modelle mögen geeignet sein, fruchtbare Unterrichtsgespräche zu initiieren – wenn sie gekonnt eingesetzt werden. Doch das geschieht überaus selten! Für 99% des Unterrichtsalltags taugen sie erfahrungsgemäß nicht und tragen eher dazu bei, dass Unterrichtsgespräche – wie oben charakterisiert – unbefriedigend und zäh verlaufen. Der stumme Impuls beispielsweise ist ein sicheres Mittel, das beliebte Spiel zu initiieren: Worauf will der Lehrer wohl hinaus? Am Ende sagt er es meistens dann – gehörig frustriert – sowieso selbst ... Die einzige Ausnahme, in der ein stummer Impuls Sinn macht, sind Situationen, in denen der Lehrer auf nichts hinauswill, sondern eine völlig offene Spur legt, in der wirklich alle Gedanken und Ideen der Schüler gefragt sind. Das Gleiche gilt übrigens für die beliebte Lehrerfrage: „Was fällt euch daran auf?“

Das „fragend-entwickelnde“ Unterrichtsgespräch hat durch PISA erneut kritische Aufmerksamkeit erfahren. Manfred Prenzel, Direktor des Instituts für Pädagogik der Naturwissenschaften (IPN) und Leiter der PISA-Erhebung 2003 in Deutschland, macht die methodische „Monokultur des Unterrichts“ für das schlechte Abschneiden Deutschlands in der letzten PISA-Untersuchung verantwortlich und meint damit den „in Deutschland praktizierten fragend-entwickelnden Unterrichtsstil“. Auch Jürgen Baumert, Leiter der ersten PISA-Studien, sieht „das zentrale Problem in der Choreografie des fragend-entwickelnden Unterrichts“.

Der zweite Grund dafür, dass Unterrichtsgespräche zu häufig unbefriedigend verlaufen, ist darin zu suchen, dass die meisten Lehrer, die oft in ihrer Ausbildung mit einem wenig erfolgreichen Modell der Gesprächsführung konfrontiert wurden, nach ihrem Referendariat nie wieder die Möglichkeit haben, ihre Gesprächsführungskompetenz zu trainieren und zu professionalisieren. Das Thema kommt in der Lehrerfortbildung schlicht nicht mehr vor. Offensichtlich gehen alle davon aus, dieses sei ein klassisches Thema der Ausbildung, dort sei es „durchgenommen" worden und nun würde es „sitzen". Fakt aber ist, dass sehr viele Lehrer unter ihrer mangelnden Gesprächsführungskompetenz und den unbefriedigenden Unterrichtsgesprächen leiden!

In der Fortbildung kommt das Thema allerdings in anderem Gewand daher: Einerseits als „Gesprächsführung", beispielsweise in der Beratungslehrerausbildung. Hier geht es um professionelle Beratungsgespräche und die Vermittlung der dafür erforderlichen Kompetenzen, wie das „aktive Zuhören" oder das „4-Ohren / 4-Schnäbel-Modell" von Schulz von Thun. Andererseits als „Moderationstechnik" (beispielsweise als „Metaplan-Moderation") zur Moderation von Konferenzen, Elternabenden und auch Unterrichtsgesprächen. Die erste Form der „Gesprächsführung" berührt einen Spezialbereich und richtet sich nur an diejenigen Lehrer, die sich für besondere (Beratungs-) Aufgaben qualifizieren, die zweite Form ist in der Regel für den normalen Unterricht viel zu aufwändig und kommt deshalb dort nur selten zum Einsatz. Dennoch sind es gerade diese beiden Zugangsweisen zum Thema „Gesprächsführung", die bei der Entwicklung eines eigenen Modells für die Gestaltung und Leitung von ertragreichen und lebendigen Unterrichtsgesprächen Pate standen, das wir im Folgenden darstellen.

Literaturtipp:

Eine sehr fundierte, informative und kompakte Zusammenfassung der erwähnten „Wurzeln" unseres Modells von professioneller Gesprächsleitung im Unterricht bietet:

Christian-Rainer Weisbach: Professionelle Gesprächsführung, dtv 2003, 6. Aufl. Die Praxisbeispiele entstammen dem Bereich der Wirtschaft und nicht aus dem Unterricht, was der Qualität des Buches auch für Lehrer keinen Abbruch tut.

Was ist ein Unterrichtsgespräch?

Um das Thema von jeglichem ideologischen Ballast zu befreien („sokratischer Dialog“ usw.) verstehen wir unter Unterrichtsgesprächen alle Situationen im Unterricht, in denen ein gemeinsamer Austausch aller Schüler stattfindet. Ihr entscheidendes Merkmal ist identisch mit ihrem primären Ziel: Möglichst viele Schüler äußern sich nacheinander zu einem bestimmten Thema. Es spricht jeweils nur einer; die anderen hören zu. Nach Möglichkeit sollten sich die Beiträge auf die Äußerungen der anderen Gesprächsteilnehmer beziehen. Letzteres ist aber kein Muss und häufig auch nicht erforderlich.

Der Terminus „Unterrichtsgespräche“ erweckt vordergründig den Eindruck, es handele sich dabei um „Gespräche“, also quasi um eine Unterhaltung, eine Sache also, die jeder Mensch täglich in seinem Privatleben praktiziert. Ein Unterrichtsgespräch ist aber – ähnlich wie ein Beratungsgespräch – eine professionelle Methode, die zunächst mit den vertrauten (Privat-)„Gesprächen“ gar nichts zu tun hat. Aus diesem Grund werden wir hier konsequent nur von „Unterrichtsgesprächen“ reden.

Die Planung eines Unterrichtsgesprächs

Eine sichere Methode, mit Unterrichtsgesprächen zu scheitern, eine Garantie für zähe, unverbindliche „Gespräche“, die in Ping-Pong-Lehrer-Schüler-Dialoge ausarten, besteht darin, sie unvorbereitet „spontan“ entstehen zu lassen. Ein erfolgreiches Unterrichtsgespräch bedarf immer einer sehr genauen Planung und Vorbereitung – das gilt selbst für gestandene „Gesprächsführungsprofis“!

Dazu müssen zunächst folgende Fragen geklärt werden:

- Macht ein Unterrichtsgespräch an dieser Stelle des Unterrichts Sinn? Ist es hier notwendig und dem Lern- und Erkenntnisfortschritt der Schüler wirklich förderlich, dass ein gemeinsamer Austausch stattfindet (siehe Definition „Unterrichtsgespräch“)? Wer sich diese Frage sehr ernsthaft stellt, wird sie viel häufiger als angenommen verneinen müssen! Und zwar deshalb, weil er zu der Erkenntnis gelangt, dass ein Austausch zu zweit oder in der Kleingruppe wesentlich effektiver sein wird als das anspruchsvolle und anstrengende gemeinsame Unterrichtsgespräch! Aber auch ganz andere methodische Entscheidungen können unter Umständen viel angebrachter sein, zum Beispiel die individuelle Beschäftigung mit einem Infotext oder einem Arbeitsblatt.

- Was ist das Ziel des Unterrichtsgesprächs? Was soll mithilfe eines Unterrichtsgesprächs genau geklärt werden? Das zentrale Ziel besteht darin, dass sich möglichst viele Schüler vor der Klasse zu einem Thema oder einer Fragestellung äußern und bestenfalls alle Schüler möglichst viele und unterschiedliche Gesichtspunkte, Sichtweisen oder auch Meinungen zum Thema kennenlernen.
- Handelt es sich um ein Gespräch oder ein Lehrer-Info? Die Vermischung von beidem ist sehr häufig die Ursache für das Scheitern von Unterrichtsgesprächen. Der Grund für die Vermischung ist in dem Modell des „fragend-entwickelnden Gesprächs" zu suchen. Dieser „Erarbeitungsunterricht" basiert auf dem Dogma, Schüler müssten praktisch alles, was sie lernen sollen, selbst herausfinden, und ignoriert völlig, dass es sehr viele Unterrichtsgegenstände und Themen gibt, die man weder durch Hypothesenbildung noch durch eigene Geistesanstrengung selbst herausfinden kann (siehe Kapitel „Unterrichtseinstiege"), und noch mehr Themen, bei denen das schlicht keinen Sinn macht. Diese nach wie vor verbreitete Methode trägt in besonderer Weise dazu bei, Schülern das Fragen abzugewöhnen und zu verleiden! Denn der natürliche Weg echten Lernens funktioniert genau andersherum (und das insbesondere im Zeitalter der Informationsgesellschaft!): Die Schüler haben eine Frage (z. B. „Wie funktioniert eigentlich ...?", „Warum ...?", „Wer / was ist ...?") und erwarten darauf eine klare und präzise Antwort (die sie ja beispielsweise mithilfe der elektronischen Medien auch sofort bekommen!). Deshalb macht es häufig Sinn, Schülern in einem Lehrer-(oder Schüler-)Info zu sagen, wie es ist (siehe Kapitel „Lehrer-Infos").

Wichtig ist die sorgfältige Unterscheidung von „Unterrichtsgespräch" und „Lehrer-Info" und die genaue Klärung, was von beidem jetzt dran ist, weil bei den beiden Formen ganz unterschiedliche Schüleraktivitäten gefordert sind: Beim Unterrichtsgespräch ist Beteiligung am Gespräch, beim Lehrer-Info ist Zuhören (und das Anfertigen von Notizen) gefragt! Der wichtigste Teil der

Vorbereitung auf das Unterrichtsgespräch besteht in der Vorbereitung geeigneter Gesprächsthemen. In der Regel handelt es sich dabei um Fragen.

Kriterien für die Formulierung geeigneter Gesprächsthemen

- Das Thema (die Fragestellung) muss einerseits klar fokussieren (Worum genau geht es? Wozu genau sollen sich die Schüler äußern?).
- Andererseits muss das Thema (die Fragestellung) offen genug sein, sodass sich möglichst viele Schüler dazu äußern können.
- Das Thema (die Fragestellung) muss so eindeutig und klar formuliert sein, dass jedes fragende „Nachbessern" mit Sicherheit überflüssig ist! Denn damit begibt sich der Lehrer in die Gefahr, ganz schnell in das vertraute „Ping-Pong-Spiel" abzudriften.
- Die wichtigste „Testfrage" für den Lehrer lautet, nachdem er die Gesprächsthemen (Fragen) formuliert hat: „Was (alles) könnte ich selbst dazu sagen?" Dies ist der „Lackmustest" für die Eignung der Gesprächsthemen und Fragestellungen!

Typische und geeignete Gesprächsthemen sind beispielsweise:

- Was weißt du über …?
- Was möchtest du über … wissen?
- Wovon handelt …?
- Was ist für dich besonders wichtig an …?
- Wie ist deine Meinung zu …?
- Was sind deine Fragen zu …?

Gesprächsregeln

Damit Unterrichtsgespräche gelingen, braucht es klare und von allen Gesprächsteilnehmern akzeptierte Spielregeln. Diese Regeln müssen – unabhängig vom Thema des eigentlichen Unterrichtsgesprächs – besprochen, geklärt und verabredet werden. Es ist sehr sinnvoll, sie schriftlich zu fixieren und auf einem Plakat in der Klasse auszuhängen. Bei Bedarf kann man dann – auch nonverbal! – während des Gesprächs auf einzelne Punkte hinweisen. Wie für alle Regeln, die wirken sollen, gilt: Weniger ist mehr! Es sollten aber unbedingt klare Konsequenzen verabredet werden, was geschieht, wenn sie nicht eingehalten werden.

Ein wichtiger Punkt sollte ebenfalls außerhalb eines Unterrichtsgesprächs sorgfältig geklärt werden: Wer ruft in welcher Weise auf und was ist die Rolle des Lehrers im Unterrichtsgespräch? Als besonders sinnvoll hat sich folgendes Verfahren bewährt:
Die Schüler rufen sich gegenseitig auf. Das kann – falls erforderlich – auch nach weiteren Regeln geschehen, z. B. abwechselnd Junge – Mädchen. Wenn es ausreichend trainiert wurde, kann auch ein Schüler insgesamt die Rolle des Aufrufenden übernehmen.
Der Lehrer sollte sich aus dem Geschäft des Drannehmens während des Gesprächs möglichst völlig heraushalten und das den Schülern vorher auch erklären und begründen: Er hat Wichtigeres zu tun! Er konzentriert sich auf den Inhalt der Beiträge und macht sich nach Möglichkeit Notizen, um die Beiträge der Schüler sauber zusammenfassen zu können – und um daraus ggf. ein neues Thema bzw. eine neue Frage zu formulieren!

Wenn sich der Lehrer während des Gesprächs Notizen macht, schlägt er zwei Fliegen mit einer Klappe: Er macht sich dadurch „unsichtbarer" und trägt so dazu bei, dass die Beiträge der Schüler nicht nur an ihn gerichtet werden, sondern dass das Unterrichtsgespräch unter den Schülern stattfindet!

Beispiele für sinnvolle Gesprächsregeln:

- Viele sollen etwas sagen!
- Damit viele drankommen, spricht jeder Einzelne nur ganz kurz!
- Bitte nur zum Thema sprechen!
- Alle zeigen dem Sprecher, dass sie zuhören, indem sie ihn oder sie ansehen!
- Wir rufen uns gegenseitig auf.
- Wir sprechen nicht zum Lehrer.

Unterrichtsgespräche leiten

Sieben Schritte auf dem Weg zu lebendigen, ertragreichen Unterrichtsgesprächen

1. Der Lehrer sagt an, dass nun ein Unterrichtsgespräch folgt, und erinnert kurz an die Regeln (verweist möglichst auf das Plakat, liest es kurz vor).

2. Er nennt das Thema (die Fragestellung), wobei es hilfreich ist, das Thema bzw. die Frage auch schriftlich zu formulieren (z. B. an die Tafel schreiben oder auf eine vorbereitete Folie oder ein Poster). Das ist sinnvoll, weil es dazu beiträgt, das Gespräch auf das Thema zu fokussieren. Abschweifungen vom Thema können dann sehr elegant durch einen nonverbalen Hinweis vermieden werden.

3. Er gibt den Schülern ein bis zwei Minuten Zeit, sich auf das Thema oder die Fragestellung vorzubereiten, am besten durch ein „Murmelgespräch" zu zweit. Alle Schüler haben so Gelegenheit, sich gedanklich auf das Thema einzustellen, sich schon einmal „im Schonraum" mit der Fragestellung zu befassen. Und: Alle – oder wenigstens fast alle – haben schon mal etwas zum Thema gesagt! Damit ist häufig auch das Eis gebrochen, der Weg für intensive Beteiligung am Unterrichtsgespräch frei. Man sollte sich keine grauen Haare wachsen lassen, wenn nicht immer alle Schüler wirklich zur Sache murmeln. In der Regel sind es wesentlich mehr, die sich mit dem Thema befassen, als in einem traditionellen Unterrichtsgespräch. „Murmelgespräche" brauchen normalerweise auch nicht vorbereitet oder gar „eingeführt" zu werden. In den meisten Lerngruppen – von Klasse 1 bis 13 – reicht es zu sagen: „Bitte sprecht kurz leise mit eurem Nachbarn zu folgendem Thema …". Manche ungeübten Klassen müssen allerdings anfangs manchmal daran erinnert werden, dass sie wirklich (leise) miteinander sprechen sollen!

4. Jetzt werden die Beiträge der Schüler nur noch gesammelt. Die Schüler rufen sich nach Möglichkeit gegenseitig auf, der Lehrer macht sich Notizen und hält sich eisern an seine wichtigste (und schwierigste!) Aufgabe: nichts kommentieren, nichts fragen, nichts wiederholen! Erlaubt ist, die Schüler nonverbal zu ermutigen und – falls erforderlich – einen ebenfalls möglichst nonverbalen Hinweis auf das (schriftlich formulierte) Thema zu geben. Um alle Schüler dazu zu ermutigen, sich wirklich zur Sache zu äußern, sollte er auf wertende Mimik verzichten, beispielsweise das Gesicht zu verziehen bei „falschen" Äußerungen oder bei „richtigen" Äußerungen begeistert zu strahlen!

5. Erst nachdem sich die Schüler erschöpfend zum Thema bzw. der Frage geäußert haben, tritt der Lehrer wieder in Aktion. Und jetzt ist er auch richtig gefragt! Denn jetzt fasst er die Beiträge der Schüler in einem kurzen Resümee zusammen – und zwar ohne jede Wertung! Es ist immer wieder ein Erlebnis, wie alle Schüler – von der ersten Klasse bis zu den ganz Großen – solchen gut gemachten Resümees zuhören, weil sie sich dadurch sehr ernst genommen fühlen und das Resümee als Wertschätzung ihres Beitrags empfinden – gerade, wenn es ohne „Zensur" daherkommt! Sauber resümieren zu können, ist eine der schwierigsten Aufgaben bei der Leitung von Unterrichtsgesprächen. Gefragt ist dabei insbesondere die Fähigkeit, genau zuhören zu können und die Bereitschaft, die „Denke" der Schüler wirklich verstehen zu wollen – sei sie auch manchmal ungewöhnlich, schwer verständlich, „gegen den Strich gebürstet" oder – vermeintlich! – falsch! Ein gutes Resümee ist nicht mehr und nicht weniger als ein neutraler „Spiegel" des Gehörten. Kurz, sachlich, so dicht wie irgend möglich an der Original-Äußerung werden die Schülerbeiträge wiederholt. Lieber wortwörtlich als ausschweifend kommentiert. Besonders geschätzt fühlen sich die Schüler, wenn der Lehrer in seinem Resümee von Zeit zu Zeit erinnert, wer was gesagt hat!

6. Der folgende Schritt erfordert auf Seiten des Lehrers ein Höchstmaß an Aufmerksamkeit und Sensibilität. Denn jetzt geht es darum, sehr schnell Entscheidungen zu treffen: Gab es in der ersten Runde des Unterrichtsgesprächs Klärungsbedarf? Wurden Fragen aufgeworfen, die einer Klärung bedürfen? Wann erfolgt diese Klärung? Wurden Informationen vermittelt, die schlicht falsch waren? Wann und in welcher Form werden diese richtiggestellt? Eine Möglichkeit besteht darin, dass der Lehrer in Form eines sehr knappen Infos die in Frage stehenden Punkte ganz kurz klärt. Die Alternative: Er erwähnt diese Punkte nur und macht deutlich, dass diesbezüglich noch Klärung notwendig ist. Er kündigt an, wann und in welcher Form die Klärung erfolgt. Zum Beispiel: „Die Frage, ob sich nun die Erde um die Sonne dreht oder ob es umgekehrt ist, werden wir in der nächsten Erdkundestunde ausführlich besprechen." Weiterhin muss

sehr schnell entschieden werden, ob das Unterrichtsgespräch weitergeführt und vertieft werden soll. Dann muss der Lehrer ein nächstes Thema (eine neue Frage) formulieren: Der Ablauf beginnt nun also bei Schritt 2 wieder von vorne. Dazu kann (und sollte) er einzelne Äußerungen aus der ersten Runde noch einmal erwähnen („fokussieren") und als neues Gesprächsthema formulieren.

7. Nach mehreren Runden mit den Schritten 2 bis 6 erfolgt ein expliziter Abschluss des Gesprächs unter den Fragestellungen: Was haben wir erfahren, geklärt und wo stehen wir? Diese Fragen wird in der Regel der Lehrer selbst in einem Schlussresümee beantworten.

Diese Abfolge – Thema nennen / anschreiben → Murmelgespräch → Beiträge sammeln → zusammenfassen / ggf. klären → neues Thema aus dem Vorangegangenen nennen usw. – ist der Schlüssel für Unterrichtsgespräche, die allen Beteiligten Spaß machen, weil sie konstruktiv verlaufen, einem roten Faden folgen und ergebnisorientiert sind. Es lohnt sich deshalb, diesen Ablauf immer wieder zu trainieren, bis er zur selbstverständlichen Routine geworden ist.

Literaturtipps:

Friedemann Schulz von Thun: Miteinander reden, Band 1–3; Rowohlt 2001
Peter Nissen, Uwe Iden: Kur(z)skorrektur Schule, Windmühle Verlag 1999
Christian-Rainer Weisbach: Professionelle Gesprächsführung, dtv 2003, 6. Aufl.

Von komplexen Aufgaben bis zu selbst gestellten Aufgaben

Die im Lichte von PISA vollzogene Wende zu Bildungsstandards ermöglicht nicht nur zunehmende Kompetenzorientierung, sondern verstärkt auch den Trend zu einer stärkeren Individualisierung. Dieser Prozess wurde durch neurobiologische Ergebnisse der Lernpsychologie ebenso unterstützt wie durch erkenntnistheoretische Veränderungen, wie sie der Konstruktivismus nahelegt: Jeder Lerner konstruiert sich seine eigene Welt, greift in seinem sich weiterentwickelnden Konzept auf die für ihn bedeutsamen Aufgaben und Herausforderungen zurück. Weg von der belehrenden, hin zur lernenden Schule. Dass es auf diesem Weg zur verstärkten Individualisierung notwendig ist, die Lernräume zu verändern und darüber hinaus die Inhalte zu betrachten und das Lernangebot viel systematischer als bisher mit den Vorkenntnissen, Fragen und Interessen der Schüler zu verknüpfen und sie damit verstärkt in die Verantwortung für ihr eigenes Lernen zu nehmen, liegt auf der Hand. Es ist verständlich, dass in diesem Kontext das Profil von Lernaufgaben im Sinne von subjektbezogenen Lernherausforderungen in den Blick gerät. In den letzten Jahren gibt es für alle Fächer viele neue Publikationen, die sich mit „guten" Aufgaben befassen. Da ist von „**Modellierung der Aufgaben**" die Rede, von „**Aufgabenformaten**". **Herausfordernde Aufgaben** sind gefragt, die „**ideale** Aufgabe" im Fokus oder gar die **selbst gestellte Aufgabe**. Lehrer, die die Herausforderung heterogener Lerngruppen annehmen, versuchen der Vielfalt mit differenzierten Aufgaben zu begegnen: beispielsweise durch Zusatzaufgaben für die starken und schnellen Lerner oder durch das Markieren von unterschiedlichen Schwierigkeitsgraden auf den Arbeitsblättern. Die Schüler arbeiten, wenn es gut läuft, treuherzig die so didaktisch aufbereiteten, klein gehaltenen, scheinbar einfach gemachten Aufgaben ab, ohne zu wissen, wofür sie das sollen. Weil es keinen Transfer gibt und sie nicht mit ihren Fragen, Interessen oder Lernbedürfnissen gefragt sind, ist die Nachhaltigkeit dieses Lernarrangements sehr begrenzt. Paradebeispiele dafür sind Lückentexte, deren Effizienz nachgewiesenermaßen gering ist bei gleichzeitig immens hohem Papierverbrauch und Schülerferne. Wie papierlastig sind viele der sogenannten Themen-Werkstätten, die es im Angebot von Verlagen gibt und die – besonders in der Grundschule – viele

Ordner füllen. Auch etliche Materialien in sogenannten Lernbüros lösen eher Assoziationen aus von abzuarbeitenden „Zetteln". Welche Relevanz haben „Lernaktivitäten" für wen? Und wer prüft sie? Inwiefern sind sie mehr als ein Zeitfüller? Nicht von ungefähr sprechen Lehrer wie Schüler in diesem Zusammenhang von *Zetteln* – ein Name, ein Programm! Zettel wandern eher in den Papierkorb, als dass sie Teil eines Portfolios, also ein bedeutsames Dokument für den eigenen Lernweg werden.

Das alles ist verbreitete Praxis – eher kostspielig als ergiebig – weil es vor allem die Lehrkraft ist, die sich in den Kopf und das Denken der herauszufordernden Schüler versetzt, anstatt diese intensiv und kontinuierlich in die Begutachtung (und Konzipierung) der Arbeits- und Lernaufgaben mit einzubeziehen und sie die dabei gemachten Erfahrungen dokumentieren und reflektieren zu lassen. Sicherlich gibt es keinen Königsweg, wohl aber viele Wege, die nach Rom führen.

Indikatoren für selbstständig zu bewältigende Aufgaben

- Die Aufgabenstellungen erklären sich selbst, weil sie verständlich und klar formuliert sind.
- Angaben zu Hilfsmitteln bzw. Helfersystem und Experten liegen vor und organisieren so die selbstständige Bewältigung der Aufgabe.
- Der zeitliche Rahmen, Gütemerkmale für Arbeitsergebnis und Bewertungskriterien sind transparent gemacht und liefern Orientierung.
- Überprüfungsszenarien, möglichst Selbst- Partner- oder Schülerexpertenkontrolle sind klar und verankern Korrektur und Verbesserung bei den Produzenten selbst.
- Instrumente für selbstgesteuertes Lernen wie Kompetenzraster, Trainingsarrangements und Checklisten sind den Schülern klar und werden erfolgreich genutzt.

Die Aufgabenstellungen sollen, das ist der erste und am einfachsten umzusetzende Grundsatz, eine Basis für selbstständiges, selbstgesteuertes Lernen sein, wobei sich Selbstständigkeit nicht nur auf individuelles Lernen und Arbeiten bezieht, sondern sich auch auf Partner-, Team- oder Gruppenarbeit, mithin unterschiedliche Sozialformen erstrecken kann.

Sinnvolle Binnendifferenzierung unterscheidet vor allem drei unterschiedlich komplexe Fähigkeiten:

I. Sammeln beinhaltet Reproduktion, intelligentes Üben, gezieltes Suchen und Dokumentieren, Beschreiben, Beobachten, Benennen, Kombinieren.
II. Verarbeiten unterscheidet und sortiert, begründet, argumentiert, analysiert, vergleicht, klassifiziert und erklärt.
III. Anwenden – der Transfer – realisiert sich zum Beispiel in der Übertragung eines Ergebnisses auf eine andere Situation, beim Erstellen einer Hypothese.

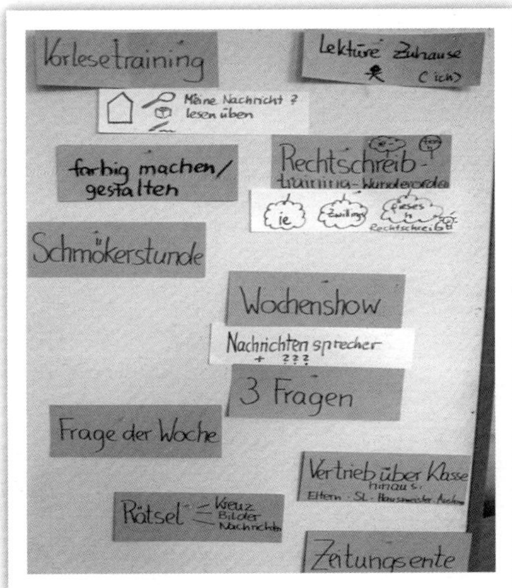

© Susanne Petersen

Es ist weiterhin interessant, einmal die in einer Einheit eingesetzten Lern- und Übungsaufgaben dahingehend zu analysieren, **welches Potenzial sie jeweils enthalten:** Sind sie eher reproduktiv oder kreativ? Festigen sie Wissen bzw. handelt es sich um Übungen oder um eine Transferleistung? Geht es dabei eher um eine Anwendung oder um einen echten Transfer?

Aufgaben-profil	Wie wird gearbeitet? Alleine, zu zweit oder in der Gruppe?	Was genau ist die Herausforderung und warum ist sie relevant?	Wie wird kontrolliert, überarbeitet und mit welcher Wirkung?
1. Reproduktion	Abschreiben, Exzerpieren, Zitate sammeln für ein selbst gewähltes Thema und korrekt abschreiben, abtippen	Arbeit mit selbstgewählter Literatur, Entscheidung für bedeutsame Zitate, schwierige Texte korrekt in Handschrift übersetzen, ggf. unbekannte Wörter nachschlagen und erklären (letzteres ist bereits komplexer)	Selbstkontrolle, Wort für Wort, von hinten nach vorne, eigene Strategien für eine sorgfältige, vielleicht grafisch besonders schön gestaltete Seite entwickeln
2. intelligentes Üben	Partnerdiktat mit eigenen, selbst gewählten Trainingswörtern aus dem selbstverfassten Wörterbuch – seit der Grundschule Jahr um Jahr mit den wichtigen (schwierigen) Wörter zu füllen und zu erweitern	5–10 Minuten Trainings regelmäßig in 2er-Teams mit dem eigenen Wörterbuch, die schwierigen Wörter werden täglich oder wöchentlich oder nach Anmeldung trainiert – schriftlich, mündlich und auch mit Erklärungen im 2er-Team	mit gegenseitiger sofortiger Kontrolle; selbstbestimmt und anregend; lernintensiv und kommunikativ
3. Anwenden	Eigene Sachtexte für einen kleinen Beitrag verfassen – Plakat, PPP oder Artikel für Gemeinschaftspublikation	Eigene Auswahl treffen, formulieren, so korrekt wie möglich aufbereiten und produzieren	Schreibkonferenzen zur Textüberarbeitung in Kleingruppen: • Richtig? • Verständlich? • Kommentare sind gefragt!
4. Vertiefen	Textüberarbeitung, Verbesserungen von Stil und Formulierung sowie Präsentationsform	Sich vom eigenen Produkt lösen, eine Distanz aufbauen, den eigenen Stil weiterentwickeln	mit gemeinsam entwickelten Überarbeitungshilfen • Hilfsverben reduzieren • aktiv formulieren • Nominalstil zerschlagen...
5. Transfer	Regelmäßige Weiterarbeit für Schul-, Klassen-, Themenzeitung, Portfolio etc. Anwendung und Erweiterung auf andere Themen	Subjektbezug, Individualisierung und wachsende Professionalisierung etwa in der Handhabung der neuen Medien bei der Produktion von Veröffentlichungen	Die lesende Öffentlichkeit kontrolliert die Güte – von Inhalt, in der Formulierung und vom Tiefgang her. (realer Schreibanlass)
6. Reflexion – Feedback	Wie einfach – schwer war die Aufgabe? Wofür kann ich das gebrauchen?	Wie zufrieden bin ich mit dem Ergebnis? Wo genau bin ich weitergekommen?	Austausch in Lernteams; Quintessenz fürs Plenum; mein Wunsch, meine Frage, mein Problem

Wird hier eine Situation modelliert oder ist eine eigene Strukturierung durch den Schüler möglich? Ist die Bewältigung auf kommunikativen Austausch, also Kooperation angelegt oder in Einzelarbeit lösbar? Handelt es sich um eine Formulierung in eigenen Worten oder nur um eine Übersetzung bzw. Interpretationsleistung?[1]
Angewandt auf ein Beispiel aus dem Deutschunterricht soll hier einmal aufgezeigt werden, wie diese Aspekte hilfreich zu nutzen sind, sowohl zur Aufgabenanalyse wie auch bei Neukonzeption von Aufgaben.

Unterschiedlich komplexe Aufgabenbeispiele zu Sachtexten

Auch für die ersten zwei Levels ist es wichtig, dass die Aufgaben

- bei den Schülern unterschiedliche Lernkanäle oder Intelligenzen aktivieren
- den Schülern unterschiedliche Entfaltungsmöglichkeiten bieten
- des kommunikativen Austausches bedürfen
- gezielt auf Lexika und Eigenrecherche in Büchern und im Internet zurückgreifen
- mehr Zeit, vor allem eine flexible, dem individuellen Lösungsweg angemessene Zeitvorgabe benötigen
- fächerübergreifendes Denken animieren
- die Fragen, Interesse und Vorkenntnisse der Schüler systematisch mit einbeziehen
- der Reflexion über die Aufgabe – Feedback, Einschätzung, Verbesserung Raum bieten
- meta-kommunikative Anteile besitzen: „Diese Hürde habe ich bewältigt!“

Herausfordernd werden die Aufgabenstellungen eher vom 3. Level an – von der Anwendung bis zur Reflexion. Für diese Aufgabenkategorien gilt es, das Profil und das eigene Bewusstsein zu schärfen. Was genau steckt da an

1 Nach: Lutz Stäudel, Der Aufgabencheck. Überprüfen Sie Ihre „Aufgabenkultur“. In: Jahresheft 2003, Friedrich Verlag

Herausforderung drin? Welche unterschiedlichen Kompetenzen müssen die Schüler an den Tag legen, wollen sie die gestellte Aufgabe erfolgreich bewältigen? Helmut Schreier brachte es für den Sachunterricht – aber durchaus übertragbar in alle Schulstufen – auf den Punkt: „In der Formulierung klar und deutlich soll die ideale Aufgabe vielschichtig sein wie eine Zwiebel, anschlussfähig wie die Zugverbindungen auf einem Fahrplan und exemplarisch wie strahlendes Licht.“ [2]

Als **Prüfkriterien für herausfordernde Aufgaben** könnten folgende genutzt werden:

- Wird ein individueller, fragender Zugang ermöglicht?
- Stärkt die Aufgabe ein Bewusstsein des eigenen Könnens, erfolgreichen Bearbeitens und intensives Üben?
- Wird eine herausfordernde, komplexe Situation modelliert?
- Ist eine Kontexterweiterung vonnöten?
- Wie prozessorientiert ist die Aufgabenstellung?
- Initiiert die Aufgabe ein dialogisches Denken, benötigt Kommunikation?
- Findet ein kumulativer Ausbau strukturierten Wissens statt?
- Ergeben sich Anschlussaufgaben, neue, eigene Aufgaben?
- Schärft die Aufgabe das Problembewusstsein?

Mit diesen neun Kriterien kann man jede Aufgabenstellung bewerten und nachbessern. Insgesamt wird bereits an diesen wenigen Beispielen deutlich, dass es weniger darauf ankommt, möglichst viele Aufgaben in kurzer Zeit zu erledigen, sondern sich intensiv und im Sinne des eigenen Lernprofils step by step voranzuarbeiten. Entgegen dem Trend, viele Zettel mit kleinschrittigen Aufgaben und wenig Schreib- und Denkarbeit abzuarbeiten, gilt es also eher, Ausschau zu halten nach wichtigen Aufgabenstellungen, die die Schüler fachbezogen zum Lernen anregen und herausfordern, nach Problemen, die für die Schüler relevant sind und der Lösung bedürfen. Hier für unterschiedliche Schulstufen und Fächer einige Beispiele:

2 Helmut Schreier: Sechs gute Aufgaben für den Sachunterricht, Beilage zu Weltwissen/Sachunterricht, 1/2008, S. 2.

- **Visualisiere, zeichne deinen Schulweg!** Raumbezogenes Lernen Stadtteilführer in mehreren Sprachen von Kindern / Jugendlichen für Kinder und Jugendliche (Raumbezogen, politisch, mit fremden Sprachen arbeiten, Deutsch)
- **Brauchen wir einen Klassensprecher?** Partizipation, Politik, Sozialkulturell
- **Wahl / Umfragen in der Schule und im Stadtteil** (Politik / Gesellschaft / Mathematik)
- **Wo komme ich her?** Autobiografisches, interkulturelles Lernen
- Kindheit gestern, heute, morgen – historische, soziokulturelle, politische Dimension
- **(Ur)Großeltern – in ihrer Zeit – Wie hat einer von ihnen gelebt, gearbeitet, sich gesellschaftlich engagiert?** Historisches Lernen, Deutsch (Interview führen, Dokumentieren)
- **Nachrichten aus den Fächern vorstellen** (Politik, Geografie, Naturwissenschaften)
- **Biografien von berühmten, engagierten Menschen – Lebensgeschichten** (fächerübergreifend, historisch Deutsch, Präsentationstechniken)
- **Erfinder und Erfindungen** (fächerübergreifend, historisch Deutsch, Präsentationstechniken)
- **Buchvorstellungen** – für unterschiedliche Fächer
- Was dich am meisten interessiert – deine Frage ist gefragt! Suche dir ein Thema deiner Wahl und bereite dazu einen interessanten Vortrag oder eine Präsentation vor!
- **Forschungsaufgabe aus dem naturwissenschaftlichen Bereich** von der Frage, Hypothese bis zur Konzipierung, Durchführung, Beobachtung und Auswertung eines Experiments (möglichst in kleinen Forscherteams) und Vorstellung

Wie kann ich die Schüler bei der Konzipierung und Betreuung von Aufgaben mit einbeziehen?

Dafür ist es vonnöten, sie systematisch und bei jedem Thema nach ihren eigenen Interessen und Fragestellungen zu befragen, diese zu erheben und zu dokumentieren. Damit erhalten sie Raum, was die persönliche Verbindlichkeit und Verantwortung stärkt und auch mögliche Partner und Mitarbeiter finden hilft. So können sie von ihnen selbst als bedeutsam formulierte Aspekte aufgreifen und als Ausgangspunkt für Recherche zum selbst gewählten Thema nutzen.

- Was genau ist deine Frage?
- Warum bist du daran interessiert?
- Was weißt du bereits dazu?
- Was genau ist dein Ziel?
- Welche Ideen hast du, um an mehr Informationen zu kommen?
- Wie sieht deine Planung aus?
- Wie willst du vorgehen?

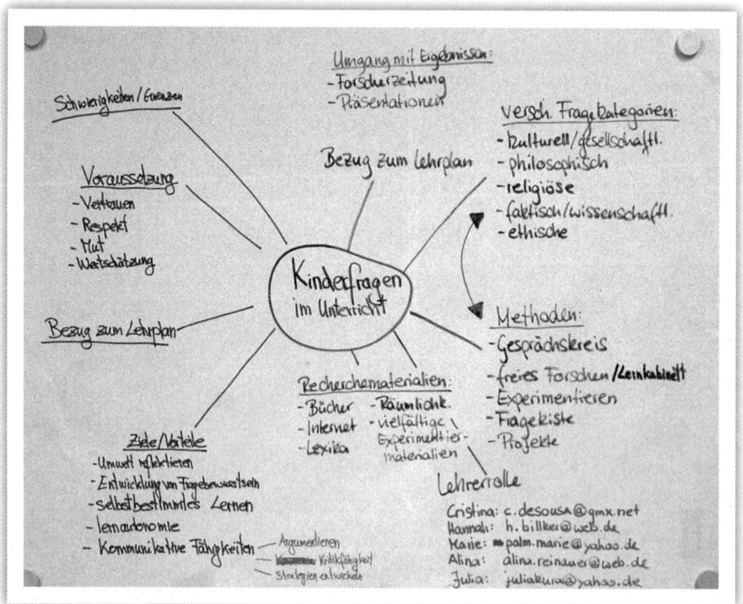

© Susanne Petersen

Dazu empfiehlt es sich, mit einem Cluster zu beginnen, ein Mindmap mit geordneten Zweigen zu entwickeln und gemeinsam mit allen Rechercheideen zu sammeln. Daraus könnte sich eine Lernlandkarte entwickeln auf einem Plakat, das einen Ausgangspunkt charakterisiert und mögliche Wege entwickelt, dokumentiert in ihren Hürden, Bergen und Tälern, den Umwegen, den Helfern und Sonnenschein, bis hin zum Ziel, zum Erfolg. Selbstkompetenz ist hier gefragt und wird weiterentwickelt.

Das sind die Aufgaben – Was kannst du schon wie gut? Wo stehst du?

Stufe	Aufgabe, Herausforderung	So schätze ich mich ein
1		
2		

So lerne ich gut – das nehme ich mir vor – soweit bin ich schon:

Datum	Aufgabe, Nr.	Das ist leicht. / Das ist schwierig.	Das kann ich schon.	Bin auf dem Weg
1				
2				

Darüber hinaus sind unterschiedliche **Methodenkompetenzen** bedeutsam, denn vielfältige Ideen und Techniken zur Informationsbeschaffung, auch Interviews mit Experten und Umgang und Nutzung von Medien sind gefragt. Außerdem ist die **Dokumentation der Ergebnisse** wichtig, sinnvolle Auswertungsmöglichkeiten wollen gefunden werden, auch Grafiken und Visualisierungen per Hand oder auf der Basis von PC-Nutzung sollten das Repertoire der Schüler erweitern. Bei Auswahl und Sichtung der Informationen wie auch bei der Konzipierung geeigneter Präsentationsformen oder bei der mündlichen oder schriftlichen Vorstellung selbst zeigt sich die Sachkompetenz. Kontinuierlich gilt es, den Fortschritt in der Lernlandkarte oder im Portfolio oder Lerntagebuch zu dokumentieren und zu reflektieren und neben dem angestrebten Ergebnis auch den Zeitpunkt der Vollendung im Blick zu behalten. Bei aller Individualisierung der selbst gestellten Aufgabe wird es viele Facetten von Kooperation und notwendiger Kommunikation mit anderen Schülern geben, als Berater, kritische Zuhörer bei der Überarbeitung und in der Generalprobe – also auch die **Sozialkompetenz** ist gefragt.

Wie den Ertrag herausfordernder Aufgaben angemessen dokumentieren und würdigen?

Als Ergebnis könnte ein kleiner Artikel für die Themenzeitung, ein eigener Vortrag, ein Gruppeninfo für Interessierte oder für Eltern oder andere Schüler entstehen, in dem sich der Schüler den Fragen der anderen stellt. Produkte, die allenfalls für den Lehrer als Korrekturgrundlage von Interesse sind, entfallen weitgehend, weil auch die Prüfung, Überarbeitung, Vervollkommnung in den Händen der Schüler verbleiben, die daraus auch mit ihrer Reflexion einen Meilenstein im Portfolio machen können, an dem sie ihre Lernfortschritte dokumentieren. Darüber hinaus könnten sie ihre neu erworbenen Kenntnisse und Fähigkeiten auch in anderen Klassen und bei jüngeren Schülern erproben und damit eine Art Transfer leisten.

Literaturtipps:

Aufgaben: Jahresheft 2003, Friedrich Verlag

Aufgabenkultur – Themenheft Hamburg macht Schule 1/08

Annemarie von der Groeben: Verschiedenheit nutzen. Besser lernen in heterogenen Gruppen, Berlin 2008

Patricia Grygier, Andreas Hartinger: Gute Aufgaben Sachunterricht: Phänomene begreifen – 48 gute Aufgaben – Für die Klassen 1 bis 4, Cornelsen 2009

Andreas Helmke: Unterrichtsqualität. Erfassen, Bewerten, Verbessern, Kallmeyer 2007, 5. Aufl.

Peter Kühn: Woran erkenne ich, ob eine Aufgabe „schwierig" ist? In: Grundschulunterricht Deutsch 4/2009, S. 4–9

Josef Leisen: Lernaufgaben als Lernumgebung zur Steuerung von Lernprozessen, Studienseminar Koblenz

Klaus Metzger (Hg.): Gute Aufgaben Deutsch: Heterogenität nutzen – 22 gute Aufgaben – Für die Klassen 3 und 4, Cornelsen 2008

Lutz Stäudel: Der Aufgabencheck. Überprüfen Sie Ihre „Aufgabenkultur". In: Aufgaben: Jahresheft 2003, Friedrich Verlag

Elsbeth Stern, Illonca Hardy: Anspruchsvolle Lernaufgaben. Fächerübergreifender Kompetenzgewinn im naturwissenschaftlichen Unterricht der Grundschule. In: Hamburg macht Schule 1/2008, S. 28–29

Helmut Schreier: Sechs gute Aufgaben für den Sachunterricht, Beilage Weltwissen Sachunterricht, 1/2008, S. 2–6

Elvira Waldmann: Was steckt in einer Aufgabe? Ein Blick auf Aufgaben für Leistungssituationen. In: Grundschulunterricht – Deutsch 2009, S. 10–15

Webtipp:
www.aufgabenkultur.de

Lehrer-Infos

Schüler können auf vielfältige Weise Informationen über eine Sache, ein Thema, ein Ereignis, einen Vorgang oder einen Ablauf erlangen. Besonders sinnvoll ist es, wenn diese Informationsbeschaffung von den Schülern selbstständig organisiert wird. Wir haben in diesem Buch deshalb eine Fülle von Beispielen dafür gegeben, wie sich Schüler eigenständig Informationen beschaffen und diese untereinander weitergeben können, indem sie sich gegenseitig informieren (siehe Kapitel „Selbstständig lernen – individualisierter Unterricht“).

Dem Lehrer als Informationsgeber haftet das Odium des „Steißpaukers“, des klassischen „Be-Lehrers“ an, der vorne an der Tafel steht und dozierend die Welt erklärt. Ein Lehrer-Info oder -vortrag – eine Unterrichtsmethode von vorgestern?

Wir glauben, dass gut gemachte Lehrer-Infos einen wichtigen Stellenwert im Unterricht haben. Der Lehrer als kompetenter Experte jener Sache, um die es geht, erfüllt mit einem interessanten Info eine Reihe wichtiger didaktischer Funktionen:

- Er fördert die Aufmerksamkeit durch Methodenwechsel.
- Er wirkt beispielgebend für die Schüler, die Präsentationen gestalten oder Referate halten.
- Er gewinnt Respekt durch spürbare (und nicht bloß behauptete) Kompetenz.
- Er klärt schnell, was Sache ist, und spart damit Zeit, die anders besser zum Lernen genutzt werden kann.
- Er klärt, was anders nicht oder nur sehr schwierig zu klären wäre.

Was wissen oder vermuten die Schüler?

Ein Lehrer-Info macht nur dann Sinn, wenn der Inhalt des Infos für die meisten Schüler wirklich neu ist. Sonst besteht die Gefahr, dass das Gegenteil dessen erreicht wird, was mit dem Info beabsichtigt ist: Die Schüler fühlen sich nicht ernst genommen und schalten schnell ab. Deshalb muss der Lehrer zuerst das Vorwissen seiner Zuhörer klären. Manchmal geht das ganz schnell, beispielsweise wenn es um die Bedeutungsklärung von Fremdwörtern geht: „Kann jemand kurz erklären, was genau „delegieren" heißt?"

Doch Vorsicht! Hier geht es nicht um Erarbeitungsunterricht, also ein fragend-entwickelndes Herantasten an den Begriff, sondern um ein kurzes Vergewissern, ob einige Schüler das Info geben können. Wenn der Lehrer merkt, dass dies nicht der Fall ist, gibt er selbst ein Kurz-Info, etwa so: „Delegieren bedeutet abordnen oder jemandem die Zuständigkeit für etwas übertragen. Zum Beispiel: Der Lehrer delegierte die Gesprächsleitung an eine Schülerin. Das Nomen Delegation bedeutet Abordnung und Delegierte sind Abgeordnete, zum Beispiel eines Parlaments."

Auch wenn der Inhalt des Infos ein umfangreicherer Sachverhalt ist, ist es unbedingt notwendig, zunächst die Vorkenntnisse sowie die Hypothesen der Schüler abzufragen, die in der Regel irgendetwas zu der Sache, um die es gehen soll, bereits im Kopf haben. Dies geschieht wiederum nicht in der Form einer Erarbeitung, sondern in einem kurzen Unterrichtsgespräch. Das Lehrer-Info folgt dann auf das zusammenfassende Resümee der Vorkenntnisse, Hypothesen und präzisierten Fragen der Schüler zum Thema.

Beispiel:

Thema: Wie entsteht eigentlich Donner? Was weißt du darüber oder was vermutest du?

Vorbereiten: Austausch zu zweit oder in der Gruppe.

Lehrer **sammelt** Schülerbeiträge ohne Nachfragen und Kommentare.

Lehrer **resümiert** die Beiträge (Zusammenfassung / Wiederholung ohne Wertung und Kommentar).

Lehrer-Info (das auch auf Beiträge der Schüler Bezug nimmt): So entsteht Donner.

Der Ablauf eines Lehrer-Infos

Nachdem die Schüler Gelegenheit hatten zu sagen, was in ihren Köpfen zum Thema bereits vorhanden ist bzw. was ihnen dazu durch den Kopf geht, ist jetzt der Lehrer dran, und zwar nur der Lehrer! Das macht er unmissverständlich deutlich, indem er darauf hinweist, dass nun ein Lehrer-Info zur Sache folgt, und das heißt: zuhören, ggf. Notizen machen und nicht melden oder nachfragen! Gelegenheit für Fragen oder Bemerkungen zur Sache gibt es im Anschluss bzw. dann, wenn der Lehrer ausdrücklich dazu auffordert. Für Schüler, die das Muster des Erarbeitungsunterrichts verinnerlicht haben, ist dieses Prozedere zunächst gewöhnungsbedürftig. Manche Schüler sind überrascht, wenn sich der Lehrer nicht sofort „dankbar" auf jede Schülermeldung „stürzt", sondern sie zunächst freundlich, aber bestimmt zurückweist.

Das bedeutet auch, dass grundsätzlich nach jedem Lehrer-Info Zeit sein muss, den Inhalt des Infos „sacken zu lassen", das heißt, wenigstens einen Moment lang über das Gehörte nachzudenken. Auch das geschieht am sinnvollsten in einem Unterrichtsgespräch, zum Beispiel so:

Kurzes Gespräch über den Inhalt des Infos: Worum genau ging es? Was hast du verstanden? Was hast du nicht verstanden?
Austausch zu zweit oder in der Gruppe.
Sammeln der Beiträge.
Resümieren der Beiträge.
Kurze Klärung der Fragen (= Info).

Im Anschluss daran sollten weitere Unterrichtsgespräche zum Inhalt des Lehrer-Infos stattfinden. Geeignete Themen sind beispielsweise:

- Zu welchen Aspekten möchtest du mehr erfahren?
- Hast du Ergänzungen oder Widerspruch?

Die wichtigste Frage aber, über die nach jedem Info miteinander gesprochen werden sollte, lautet: Mein „Aha-Erlebnis"! Also: Was habe ich Neues, Interessantes, Bemerkenswertes erfahren oder gelernt? Ein Lehrer-Info ohne ein folgendes Unterrichtsgespräch zu den „Aha-Erlebnissen“ der Schüler bleibt oberflächlich und wirkungslos. Zumindest aber müssen die Schüler Gelegenheit haben, sich untereinander über ihre Aha-Erlebnisse auszutauschen, auch wenn diese dann nicht mehr in einem gemeinsamen Unterrichtsgespräch zusammengetragen werden.

Neun Tipps für gut gemachte Lehrer-Infos

1. Den Vortrag aufschreiben und den Text vorlesen! Lieber gut vorlesen als schlecht frei sprechen! Wer frei spricht (und dies nicht gut kann), ist immer in der Gefahr, viel zu viel zu reden und damit seine Zuhörer zu ermüden und letztlich zu verlieren. Ein vorgelesener Text ist die sicherste Möglichkeit, nicht abzuschweifen und nur das zu sagen, was wirklich wichtig ist und was man wirklich sagen will.
2. Den Einstieg besonders gut vorbereiten! Möglichkeiten für Einstiege:
   - an Bekanntes anknüpfen
   - eine aktuelle Situation, ein aktuelles Ereignis zum Ausgangspunkt machen
   - die Zuhörer mit einer ungewohnten Sichtweise konfrontieren
   - Aufmerksamkeit durch Humor erzeugen, beispielsweise eine witzige Anekdote.
3. Einen Überblick über Thema, Inhalt und Dauer geben!
4. Das Thema, die „Ankerbegriffe“ oder Unterthemen („Kapitel“) des Infos unbedingt visualisieren:
   - auf Karten, die ich nach und nach anhänge oder
   - auf Folie, die ich nach und nach „enthülle“.

   Visualisieren ist Pflichtteil jedes Infos! Erstens, weil dadurch das Auge der Zuhörer bedient wird, und zweitens, weil auf diese Weise der rote Faden, die Struktur des Infos deutlich wird und bleibt. Die Ankerbegriffe sind häufig identisch mit den Überschriften der einzelnen Unterkapitel des Vortrags.

   Von dieser Form der Visualisierung profitieren nicht nur die Zuhörer, sondern auch der Referent! Wer geübt ist in gut gemachten Lehrer-Infos, kann diese visualisierten Ankerbegriffe für ein frei gehaltenes Info statt eines schriftlich ausgearbeiteten Vortrags nutzen. Die Visualisierung auf Folie oder auf Karten kann hervorragend zu Hause vorbereitet werden.

5. Ein Bild sagt mehr als tausend Worte: Dies ist die (in der Schule!) wohl am häufigsten vernachlässigte Grundregel erfolgreichen Lernens! Jedes noch so dilettantisch an die Tafel gekritzelte Strichmännchen zur Verdeutlichung eines Sachverhalts bringt mehr als jedes rein verbale Info, und sei es noch so perfekt formuliert!
6. Beispiele statt abstrakter Erklärungen! Eine Regel, die beispielsweise bei Arbeitsaufträgen häufig vergessen wird. Statt eines kurzen Beispiels werden ausschweifende, komplizierte Erklärungen gegeben, die in der Regel später so lange „nachgebessert" werden müssen, bis man sich endlich der „Beispiel-Regel" erinnert …! Aber auch in jedem Sachinfo kann ein konkretes Beispiel fast so viel Wirkung erzielen wie ein Bild!
7. Das gilt in gleicher Weise für die Regel: Lieber zeigen und vormachen als über etwas reden!
8. Kurze, klare Sätze: Punkte machen! Es lohnt sich, diesen Aspekt sehr diszipliniert zu trainieren: in klaren Hauptsätzen sprechen. *Punkt.* Jedem einzelnen Satz damit mehr Bedeutung geben. *Punkt.* Sich Pausen nach Sätzen gönnen. *Punkt.* Gerade auch nach kurzen Sätzen, die – wie in diesem Beispiel – nicht einmal vollständige Sätze sind. *Punkt.*
   Der erste Schritt eines Trainings besteht darin, sich selbst in der Klasse mit einem Diktiergerät aufzunehmen, um ein Gespür dafür zu entwickeln, wie die eigene Sprache wirkt. Im zweiten Schritt werden Infos mit kurzen (Haupt-)Sätzen geübt, indem man laut spricht und dabei ab und zu laut „Punkt!" sagt. Auch das kann man aufnehmen oder sich Feedback von einem Kollegen, Freund oder Partner geben lassen.
9. Die Stimme variieren in Tempo, Lautstärke und Tonhöhe! Wer seine Zuhörer wirklich erreichen will, sollte sich immer wieder bewusst machen, dass die Stimme diese drei Variationsmöglichkeiten bietet, um sie anschließend gezielt trainieren und anwenden zu können. Für das Training dieser drei Dimensionen bietet es sich an, Geschichten vorzulesen, Gedichte regelrecht zu deklamieren (beispielsweise Balladen) und sich dabei immer wieder selbst zu kontrollieren bzw. Feedback geben zu lassen.

Es ist sicherlich nicht einfach, Lehrer-Infos richtig gut zu machen. Doch es lohnt sich, nicht nur, um das methodische Repertoire des eigenen Unterrichts zu erweitern, sondern auch, weil Schüler gut gemachte Lehrer-Info besonderer Weise wertschätzen und dem Referenten dafür häufig beson ren Respekt zurückgeben.

Literaturtipp:
Vera F. Birkenbihl: Rhetorik. Redetraining für jeden Anlass, Urania 1997

Webtipps:
www.rhetorik.ch
www.schule-der-rhetorik.de

Ergebnisse präsentieren

© Susanne Petersen

„Wer möchte denn mal seine Ergebnisse präsentieren?“, heißt es häufig gegen Ende der Stunde. Was in der Grundschule meistens noch begeisterte Zustimmung hervorruft, löst bei den „Großen“ eher Widerwillen aus. Denn „Ergebnisse präsentieren“ heißt immer auch: sich selbst präsentieren. Und das können und mögen Schüler spätestens ab der sechsten Klasse immer weniger – vor allem vor ihren Klassenkameraden. In der Grundschule ist das Selbst-Präsentieren viel interessanter als das Präsentiert-Bekommen. Schließlich haben sich die Zuhörer und Zuschauer ebenfalls alle bereits intensiv mit der Sache, um die es geht, beschäftigt und manche warten ungeduldig darauf, endlich selber vorne stehen zu dürfen.

Die professionelle Gestaltung von Präsentationen hat im Konzept guten Unterrichts wichtige Funktionen:

- Präsentationen bieten den Schülern die Möglichkeit, den Ertrag des Gelernten, ihre „Aha-Erlebnisse“ zur Sache auf den Punkt zu bringen. Sie erfüllen damit eine besonders wichtige Aufgabe für bedeutsames und nachhaltiges Lernen.
- Präsentationen ermöglichen Transfer: Die Gruppen und Experten, die an unterschiedlichen Aufgaben gearbeitet haben, sind auch dafür zuständig, diese den anderen zu vermitteln.
- Präsentationen geben Schülern die Gelegenheit, den Lerngegenstand anderen zu „erklären“; eine Methode, die in besonderer Weise geeignet ist, die Sache, um die es geht, selbst wirklich zu verstehen.
- Präsentationen fördern das Lernen mit allen Sinnen und Lernkanälen, weil gute Präsentationen niemals rein verbal ablaufen, sondern mit Bildern, Rollenspielen, Modellen, Folien oder anderen Medien unterstützt werden.
- Präsentationen fördern die Kooperation der Schüler, weil sie in der Regel von Gruppen vorbereitet werden müssen.
- Präsentationen fördern und trainieren das Selbstvertrauen der Schüler. Sie bereiten diese – unabhängig von den Inhalten – auf im Berufsleben

© Susanne Petersen

wesentliche Schlüsselqualifikationen vor. Sie geben den Schülern die Möglichkeit zu trainieren, sich selbst vor anderen zu präsentieren.

Damit Präsentationen diese Aufgaben erfüllen können, müssen sie sorgfältig vorbereitet und trainiert werden. Im Unterricht wird die Beherrschung der erforderlichen Kompetenzen zu häufig einfach vorausgesetzt. Es reicht nicht zu fragen: „Wer möchte denn mal präsentieren?“ Noch weniger reicht es, einfach Schülerreferate zu verteilen, ohne vorher trainiert zu haben, wie Referate, die nichts anderes sind als Präsentationen, professionell zu halten sind.

Präsentationen müssen daher immer vorbereitet werden, und zwar nicht nur inhaltlich, sondern auch formal! Auch in der „klassischen“ Präsentationsphase am Ende der Stunde oder Unterrichtssequenz muss den Schülern zuvor explizit Zeit zur Vorbereitung der Präsentation gegeben werden. Anderenfalls ist ein Scheitern vorprogrammiert: Schüler, die stockend, unsicher, leise, unstrukturiert und fast immer ohne Visualisierung ihren Stoff abspulen …

Tipps für die ertragreiche Gestaltung von Präsentationen

- Zunächst muss man sich die Frage stellen: Lohnt eine Präsentation überhaupt? Die Präsentation sollte nicht Selbstzweck sein oder Routineprogramm zum Stundenende. Wichtiger ist, ob die Präsentation für die Zuhörer wirklich interessant und relevant ist. Wird mit den Ergebnissen weiter gearbeitet? Dass die Schüler ihre Ergebnisse präsentieren wollen, reicht als Begründung nicht aus, sorgt nicht für Interesse und Konzentration bei der Zuhörerschaft.
- Die Ergebnisse von Übungsaufgaben, bei denen es ein eindeutiges Richtig oder Falsch gibt, eignen sich nicht für eine „Präsentation“ („gemeinsamer Ergebnisvergleich“). Hier bietet sich die Selbst- oder Partnerkontrolle mithilfe von Lösungsblättern an.
- Weniger ist mehr: Meistens können nur einige Ergebnisse exemplarisch präsentiert werden. Diese können vom Lehrer bereits vorher ausgewählt werden. Dafür werden diese Beispiele durch ein differenziertes Feedback

wirklich gewürdigt. Ein allgemeines Lob zu allem und jedem wirkt unehrlich und letztlich entmutigender, als dieses Mal vielleicht gar nicht drangekommen zu sein! Der Lehrer achtet natürlich darauf, dass nicht immer dieselben Schüler präsentieren. Deshalb: Am Ende einer Stunde nicht alle Ergebnisse präsentieren, sondern auf ein bis zwei Beispiele beschränken und über diese gemeinsam nachdenken.
- Zuvor sollten gemeinsam mit den Schülern Regeln für den Ablauf von Präsentationen erarbeitet werden (siehe Beispiel)!
- Die Ergebnisse sollen nicht nur vorgestellt werden, sondern immer bezüglich des Inhalts und der Form der Präsentation reflektiert werden.
- Die Schüler müssen Zeit haben, ihre Präsentation auch formal vorzubereiten, also beispielsweise erst üben, einen Text gut vorzulesen. Es bietet sich an, dass sie ihre Rollen aufteilen und trainieren, etwa einen „Zeitnehmer", einen „Vorleser", einen „Zeiger" usw. haben.
- Die Präsentationen einer Gruppe müssen kurz sein, in der Regel reichen ein bis zwei Minuten je Gruppe.
- Nach jeder Präsentation folgt ein ritualisiertes Feedback:
  1. Was war an der Sache wichtig, interessant, bemerkenswert?
  2. Gibt es Fragen oder Einwände zur Sache?
  3. Was war gelungen an der Art der Präsentation?
  4. Gibt es Verbesserungsvorschläge zur Art der Präsentation?

Die Fragen sollten (z. B. als vorbereitetes Plakat) an der Tafel stehen, damit die Schüler, die präsentiert haben, selbst Regie führen und der Lehrer sich (ab-)fragend zurückhalten kann. Ein solches Feedback erfordert Zeit und wird deshalb nicht Bestandteil jeder Präsentation sein. Es ist deshalb sinnvoll, sich bei Präsentationen ab und an Zeit zu nehmen – wenigstens eine Unterrichtsstunde – sodass alle von einer intensiven Reflexion über Form und Inhalt der Präsentation profitieren können.

Alle Kriterien für ein gutes Lehrer-Info gelten auch für Präsentationen (und umgekehrt). Der Lehrer hat deshalb als Vorbild für professionelle Präsentationen eine außerordentlich wichtige Funktion.

Literaturtipps:

Thomas Unruh: Mein Methoden-Portfolio Selbstständig lernen, Klasse 5/6 bzw. 7–10, AOL-Verlag 2009

Thomas Unruh, Dorothea Nadzeika-Humbaraci: The Real Activity Book, „Presentations“, Klett 1998

Susanne Petersen: Rituale für kooperatives Lernen in der Grundschule und in der Sekundarstufe I, Cornelsen 2010, 4. Aufl.

Patrick Forsyth: 30 Minuten bis zur überzeugenden Präsentation, Gabal 1998

Michael Handwerk: Präsentieren und referieren, Humboldt 2009

Hier zwei Vorschläge für Plakate bzw. Schülerarbeitsblätter:

Ergebnisse präsentieren – Regeln

- Nur einige können ihr Ergebnis präsentieren!
- Jede Präsentration wird gut vorbereitet: Vortragen/Vorlesen üben! Klären, wer macht wann was?
- Eine Präsentation dauert ein bis zwei Minuten!
- Danach geben die Zuhörer eine Rückmeldung.

Tipps zur Vorbereitung einer Präsentation:

- In der Präsentation sollt ihr andere, die sich nicht oder nicht so intensiv mit dem Thema beschäftigt haben, informieren, und zwar über das Wichtigste eures Themas.
- Weil eine gute Präsentation kurz ist, müsst ihr genau überlegen, was wirklich wichtig ist. Und: Was können die Zuhörer in der kurzen Zeit überhaupt aufnehmen, verstehen, lesen?
- Es ist ermüdend, nur zuzuhören. Bereitet deshalb Texte zum Mitlesen und Bilder vor, die eure Präsentation begleiten!
- Texte müssen aus ganz wenigen Stichworten bestehen, die so groß geschrieben sind, dass man sie auch von hinten bequem lesen kann. Das gilt natürlich auch für Bilder.
- Bereitet alles, womit ihr eure Präsentation unterstützt, sorgfältig vor! Das Publikum hat keine Lust zu warten! Also: Texte (auf Postern oder auf Folie) fertig haben! Ausprobieren, wo und wie ihr euer Info-Poster befestigt, sodass es bestimmt nicht runterfällt! Wenn ihr etwas vom CD-Player oder Computer vorspielen wollt: Vorher ausprobieren, ob alles klappt und genau an der richtigen Stelle abgespielt werden kann.
- Übt euren Auftritt vorher im Rollenspiel. Statt zu kichern oder lange etwas zu suchen: Laut sprechen! Kurze, klare Sätze! Niemals dem Publikum den Rücken kehren! Wechselt euch beim Vortragen ab!
- Sagt immer als Erstes, wie euer Thema heißt!

Feedback

„Die heimliche Angst der Lehrer" war der Titel eines Berichts der Frankfurter Rundschau vom Mai 2000 über zwei Hamburger Projekte zum Thema „Schülerrückmeldung über Unterricht". In der Tat wurde hier erstmals ernsthaft, wissenschaftlich begleitet und in größerem Rahmen der Versuch unternommen, etwas zum Thema zu machen, das bisher als sakrosankt galt: die Qualität des Unterrichts regelmäßig von den Schülern beurteilen zu lassen. Es hat immer engagierte Lehrer gegeben, die sich beispielsweise am Schuljahresende von ihren Schülern Zeugnisse ausstellen ließen und die von Zeit zu Zeit mit ihren Schülern über die Inhalte und Formen ihres Unterrichts gesprochen haben. Dies galt aber nur für eine Minderheit der Lehrer.

Die große Mehrheit beansprucht das „Beurteilungsmonopol" für sich und lehnt es ab, Schülern die Möglichkeit zu geben, sich zum Unterricht zu äußern, vor allem, weil sie dadurch ihre Autorität im Klassenraum in Frage gestellt sehen. Begründet wird diese Haltung mit Rationalisierungen, mit denen es auch andere Berufsgruppen seit eh und je abgelehnt haben, die Qualität ihrer Arbeit von ihren „Kunden", die ja „Laien" seien, beurteilen zu lassen, und damit de facto ihre eigene Unfehlbarkeit postulierten. An erster Stelle seien hier Ärzte und die Mitarbeiter öffentlicher Verwaltungen genannt. Eine „kundenorientierte" Haltung ist aber längst nicht mehr bloß auf den Bereich der klassischen (kommerziellen) Verkäufer-Kunden-Beziehungen beschränkt, sondern wird heute zunehmend als Bestandteil der Professionalität auch in Berufen erwartet, in denen Menschen miteinander zu tun haben, ohne dass es dabei um Verkaufen im klassischen Sinn geht. Lehrer sind nach diesem Berufsverständnis eben auch Dienstleister, die für die Qualität ihrer Dienstleistung verantwortlich sind und diese regelmäßig auch von den „Abnehmern" beurteilen lassen müssen. Dass diese Haltung zukünftig nicht mehr in das Belieben des einzelnen Lehrers gelegt wird, zeigen beispielsweise die Ausbildungsrichtlinien für die Lehrerausbildung in Hamburg vom April 2000. Dort heißt es an prominenter Stelle unter „Ziele der Ausbildung": „Die Referendarinnen und Referendare sollen insbesondere lernen, (...) ein Feedback der Schüler über geeignete Verfahren einzuholen, auszuwerten und für die Weiterentwicklung des Lernverhaltens zu nutzen."

Diese Formulierung deutet bereits an, dass es hier vor allem darum geht, durch differenzierte Rückmeldung zur eigenen Lehrtätigkeit auch eine höhere Berufszufriedenheit zu erzeugen und zugleich die Schüler zu befähigen, ihr eigenes Lernen und ihre Kooperation zu reflektieren. Ernsthaftes, ehrliches und differenziertes Feedback, aus dem auch Konsequenzen gezogen werden, trägt zur Verbesserung der Unterrichtsqualität bei. Wer seine Schüler nach der Qualität des Unterrichts und nach Verbesserungsmöglichkeiten befragt, tut damit einen wichtigen Schritt zu einer größeren Zufriedenheit bei allen Beteiligten, erzeugt mehr Motivation, eine höhere Verantwortung und bessere Leistungen. Allein die Tatsache, gefragt und sehr ernst genommen zu werden, ist ein Signal, das die Schüler hoch schätzen und honorieren. Die Angst mancher Lehrer, im Feedback „in die Pfanne gehauen" zu werden, ist deshalb zumeist auch unbegründet.

Natürlich geht es nicht nur um Rückmeldungen der Schüler an den Lehrer. Um die angestrebte Verbesserung der Unterrichtsqualität zu erreichen, ist es genauso wichtig, dass Schüler lernen, sich gegenseitig konstruktives Feedback zu geben, und der Lehrer seinerseits andere Formen findet und nutzt als ausschließlich Noten oder Standpauken. Um vom regelmäßigen Feedback im Unterricht in diesem Sinn profitieren zu können, braucht es allerdings einige Voraussetzungen.

Feedback-Kultur als Frage der Haltung

In der traditionellen Schule heißt Feedback: Der Lehrer teilt den Schülern mit, was sie richtig gemacht haben (zumeist über Noten) und – in der Regel wesentlich häufiger – was sie schlecht oder falsch gemacht haben. Eine Feedback-Kultur zu entwickeln bedeutet: Alle am Unterrichtsgeschehen Beteiligten sagen sich regelmäßig gegenseitig, was notwendig ist, damit alle sich im Klassenraum möglichst wohlfühlen und möglichst gut lernen können, was bislang gelungen und ermutigend ist und woran die Einzelnen, die Gruppe und die Lehrkraft weiterarbeiten möchten.

Regelmäßiges gegenseitiges Feedback als Bestandteil jeden Unterrichts

Eine Feedback-Kultur zu entwickeln bedeutet zunächst, Feedback zu entzaubern und so selbstverständlich zu praktizieren wie (vielleicht) das Vokabelabfragen zu Beginn der Stunde. Damit sich diese Selbstverständlichkeit durchsetzen kann, müssen alle Beteiligten den Sinn und den Nutzen regelmäßigen Feedbacks verstehen und akzeptieren: Es geht nicht darum, „Zeit zu schinden", um sich weniger mit irgendeinem langweiligen Stoff beschäftigen zu müssen oder dem Risiko ausgesetzt zu sein, dranzukommen und nichts zu wissen. Jeder muss wissen, akzeptieren und vor allem spüren: Es geht um Verbesserungen im Unterricht – atmosphärisch, von der Sache und vom eigenen Engagement her. Und es geht darum, dass sich jeder Einzelne in der Klasse wohlfühlt und gut mit den anderen zusammen lernen kann.

Feedback muss Konsequenzen haben. Nur wer bei sich, in der Gruppe und im Unterricht erlebt, dass die Ergebnisse von Feedback spürbare Veränderungen bewirken, wird diese Methode mit immer größerer Souveränität und Effektivität nutzen.

Gelungenes wahrnehmen und äußern

Eine differenzierte Rückmeldung zu Erfolgen, positivem Verhalten, Kompetenzen und Stärken ist eher selten. Schüler haben für die Fähigkeit, positives Feedback zu geben, nur selten gute Modelle in Person ihrer Lehrer. Nicht zuletzt deshalb ist die Kompetenz auch bei Schülern deutlich unterentwickelt. Im Gegenteil: Jemanden zu loben, ihm Anerkennung zu zollen, bloß etwas Nettes zu sagen, ist verpönt und wird als „Strebertum" oder „Anschleimen" gebrandmarkt. Gleichzeitig weiß jeder Mensch aus eigener Erfahrung und jeder Pädagoge zumindest aus der Theorie, dass es gerade im Bereich des Verhaltens kaum einen besseren Weg gibt, als das Lernen am Erfolg. Jeder weiß, wie gut ein ehrliches, möglichst differenziertes Lob tut, das mehr ist als ein mühsam abgekniffenes „Okay!" oder vielleicht sogar „Klasse!".

Der erste Schritt auf dem schwierigen Weg zu einer konstruktiven Feedback-Kultur heißt deshalb: Alle Beteiligten – Lehrer wie Schüler – müssen regelrecht trainieren, Erfolge, Gelungenes, Stärken und Kompetenzen differenziert wahrzunehmen und zu äußern. Wie schwer das bereits in Bezug auf die eigene Person ist, merken Referendare, wenn sie in der Nachbesprechung von Hospitationsstunden aufgefordert werden, ihren Fokus zunächst ausschließlich auf Gelungenes zu richten. Fast noch schwieriger – und nicht weniger „peinlich" – ist es, jemand anderem ohne Umschweife zu sagen: „Ich finde, das hast du richtig gut gemacht". Vielen ist gar nicht bewusst, welche Kompetenzen sie bereits so selbstverständlich nutzen, dass sie sich gar nicht mehr gezielt dafür anstrengen müssen. Deshalb geraten diese fast in Vergessenheit und wären doch wichtige Hilfsmittel, würden sie für die Bewältigung schwieriger Situationen nutzbar gemacht. Durch die schriftlich oder mündlich geäußerte Wahrnehmung Dritter tritt die Besonderheit in den Vordergrund und wird umso bedeutsamer, weil andere sie öffentlich registrierten und begründet für gut befanden.

Kritik konstruktiv äußern

Wer den Fokus der Rückmeldung zunächst auf Erfolge richtet, dies ehrlich und differenziert tut und sich dafür Zeit nimmt, schafft die wichtigste Voraussetzung, kritische Äußerungen überhaupt anhören und ernst nehmen zu können. Das Feedback zu Gelungenem büßt an Kraft und Glaubwürdigkeit ein, wenn es nur das „Aber" notdürftig verbirgt: Die meisten Menschen haben ein feines Gespür dafür, ob ein Lob ehrlich ist oder nur als probates Mittel eingesetzt wird, um die Kritik anschließend umso gnadenloser anzubringen. Aber manche Schüler, Lehrer und Referendare haben auch verlernt, ein ehrliches positives Feedback genau zu hören und anzunehmen. Sie lauern förmlich auf die versteckte Ohrfeige, die spätestens im nächsten Satz ganz sicher kommen wird, und ihr Ohr für Kritik ist um ein Vielfaches schärfer (und natürlich auch empfindlicher) als das für Anerkennung und Lob. Kritik konstruktiv äußern heißt: weniger kritisieren und stattdessen Möglichkeiten, Perspektiven für Veränderungen oder Verbesserungen als Vorschlag oder Idee formulieren. Dieser Weg ist – ähnlich wie das positive Feedback – kaum bekannt und verbreitet. Kritik in der Schule wird in der Regel fast ausschließlich negativ und häufig destruktiv geäußert („Fünf!" „Du hast ...!" „Das ist schlecht!"). Und meistens wird gehört (und manchmal auch gesagt): „Du bist schlecht!" Deshalb haben viele Lehrer auch Angst vor dem Feedback ihrer Schüler, weil sie eben diese Art der Kritik, die die Schüler zumeist ausschließlich kennen, fürchten.

Alles andere als selbstverständlich ist es, konstruktive Kritik als Verbesserungsvorschlag zu formulieren. Denn damit mache ich deutlich, dass ich als Kritisierender nicht „die Weisheit mit Löffeln gefressen“ habe, sondern eine Idee habe, mit der sich der andere auseinandersetzen, die er natürlich aber auch verwerfen kann.

Die Grundlage einer Feedback-Kultur im Klassenraum besteht deshalb darin, zunächst Gelungenes konkret zu benennen und anschließend Verbesserungsvorschläge, Tipps oder Wünsche für sich, den Nachbarn, die Klasse oder den Lehrer und auch hinsichtlich der Unterrichtsgestaltung zu formulieren. Durch diese universell gültige Regel entwickelt sich bei den Beteiligten mit der Zeit von selbst eine andere Haltung und Mentalität: eine neue, eine konstruktive Feedback-Kultur.

Feedback braucht ein Klima gegenseitigen Vertrauens

Wenn das Verhalten von Menschen thematisiert wird, dann geht es ums „Eingemachte“. Deshalb braucht Feedback ein Klima gegenseitigen Vertrauens. Das ist im Klassenraum – auch wenn man sich manchmal schon lange kennt – alles andere als selbstverständlich. Vertrauen heißt nicht: „Wir haben uns alle lieb.“ Vertrauen heißt: Jeder hat das Recht darauf, ernst genommen und angehört zu werden, hat das Recht auf Respekt. Und umgekehrt bedeutet es die Verpflichtung, die anderen ernst zu nehmen, anzuhören und zu respektieren. Und das gilt für Lehrer und Schüler gleichermaßen, ist jedoch keineswegs selbstverständlich. In mehreren Kapiteln dieses Buches haben wir uns mit der konstruktiven Atmosphäre im Klassenraum beschäftigt und Vorschläge gemacht, wie diese zu erreichen ist. Die Grundlage des Vertrauens im Klassenraum heißt: Kontakt herstellen, viel voneinander wissen, sich möglichst gut zu kennen, sich füreinander zu interessieren. Ideen und Beispiele dazu finden Sie im Kapitel „Unterrichtseinstiege“.

Feedback zu geben fällt oft im geschützten Raum einer vertrauten Gruppe leichter als im Plenum. Gerade wenn man am Anfang steht, eine Feedback-Kultur zu entwickeln, ist es oft hilfreich, die ersten Schritte im kleinen, eher vertrauten Kreis zu tun. In der Gruppe ist es beispielsweise auch möglich, intern ein „Punktekonto" zu verteilen: Die Schüler einer Gruppe einigen sich, wer wie viele der (beispielsweise) 100 zu verteilenden Punkte erhält, etwa für dessen Anteil am Gesamtergebnis oder dessen Beitrag zu einer konstruktiven Arbeitsatmosphäre.

Zu Anfang fällt es manchen schwer, ein persönliches Feedback verbal zu geben. Der schriftliche Weg umgeht diese Schwierigkeit. Deshalb ist es eine gute Möglichkeit, anderen einen Brief zu schreiben. Ein solcher Brief kann auf standardisierte Formulierungen zurückgreifen, z. B.: „Mir gefällt an dir …", „Du kannst gut …", „Ich finde gut, dass du …", „Ich mag nicht … – Vielleicht könntest du …" Anderen solch konstruktives Feedback geben zu können setzt voraus, auch mit sich selbst in dieser Weise konstruktiv umzugehen. „Was steckt in mir? Was kann ich gut? Worauf bin ich stolz?" Assoziationen zu den Buchstaben des eigenen Vor- und Nachnamens könnten aufgegriffen und gefüllt werden. Anregend ist es auch, sich gegenseitig Komplimente zu machen – angefangen mit den Sitznachbarn, mit der Tischgruppe. Dieses ungewohnte Verfahren weitet den eigenen Blick und baut Hemmungen ab, anderen etwas Positives zu spiegeln und von denen etwas zu hören, was offenbar gefällt. Dies stimmt ein und gibt Impulse für eine weitere Methode zur positiven Selbstwahrnehmung – nämlich einen Brief an sich selbst zu schreiben – gewissermaßen als beste Freundin oder bester Freund, Personen also, die einen wirklich gut kennen und schätzen. Der Lehrer kann diese verschlossenen, adressierten und frankierten Briefe einsammeln und zu einem gewünschten Zeitpunkt in den Briefkasten stecken. Es ist für Schüler ein Erlebnis, einen Brief zu erhalten, den sie an sich selbst geschrieben haben, und darin später – vielleicht nach einem halben Jahr – zu lesen, wie sie ihre Stärken, Erfolge, Kompetenzen und ihre Ziele beschrieben haben, um den Ist-Zustand damit zu vergleichen.

Schüler, die sich mit dem Schreiben schwertun und anderen nicht unbedingt einen Brief schreiben wollen, könnten pragmatischer Weise, statt („umständlich") zu Papier und Stift zu greifen, eine E-Mail oder gar eine SMS schicken. E-Mails bestechen durch den dort gepflegten unkomplizierten Stil; sie wirken lockerer, stellen für den Schreiber eine deutlich geringere Hemmschwelle dar als ein Brief, dem das Odium des Formalen und (zu) Verbindlichen anhaftet. Das gilt in noch stärkerem Maße für SMS. Die meisten Schüler sind damit vertraut, sich kurze persönliche Botschaften per SMS zu schicken. Diese Vertrautheit kann man hervorragend nutzen, um gegenseitiges persönliches Feedback, das zunächst zum Teil noch im geschützten, quasi anonymen Raum stattfindet, zu trainieren. Für diesen Zweck können Handys im Unterricht ausdrücklich erlaubt werden.

Feedback braucht klare Kriterien

Wenn Feedback nur darin besteht, Gelungenes mit einem „gut gemacht" zu kommentieren und Verbesserungsvorschläge sich auf „mehr anstrengen" reduzieren, kann man es auch bleiben lassen. Gerade Schüler müssen sehr genau wissen, wozu sie sich überhaupt äußern sollen und können. Deshalb müssen zunächst Kriterien geklärt sein, zum Beispiel: Was genau bedeutet für uns eigentlich „guter Unterricht"? Oder: Wodurch genau zeichnet sich eine gelungene Präsentation aus? Oder: Welche verbindlichen Regeln sollen im Klassenraum gelten (siehe auch das Kapitel „Konstruktive Atmosphäre")? Gibt es auch Regeln für den Lehrer? Hilfreiches Feedback kann auf solche Kriterien explizit Bezug nehmen, beispielsweise:

„Du hast in deiner Präsentation immer laut und deutlich zur Klasse gesprochen."
„Du könntest in Zukunft versuchen, deine Beiträge im Unterrichtsgespräch zu kürzen."
„Sie haben den Unterricht in der vergangenen Woche immer pünktlich beendet."
„Es wäre gut, wenn Sie sich im Unterrichtsgespräch seltener einmischen würden."

In dieser Weise, geleitet von klaren Kriterien, können schon Erstklässler differenziert und konstruktiv Rückmeldung geben. Zusätzlich muss natürlich auch Raum sein für ein offeneres Feedback, für Äußerungen, die noch nicht immer auf eindeutige Kriterien Bezug nehmen (können), zum Beispiel:

„Ich habe mich heute im Unterricht wohlgefühlt, ich weiß gar nicht genau, wieso!“
„Ich habe den Stoff heute gar nicht verstanden, aber ich weiß nicht genau, wie Sie's besser machen könnten.“

Auch für Unterrichtsprodukte schriftlicher Natur wie Themenbücher und thematische Portfolios gilt, dass sie, um ihre Wirkung zu entfalten, gleichermaßen ein differenziertes Feedback verdienen. Dies kann nur basieren auf gemeinsam erarbeiteten Bewertungskriterien, z. B. „Woran erkennst du ein gehaltvolles Themenbuch, ein interessantes Portfolio?“

Kriterien für ein gelungenes Themenbuch könnten sein:
- Schön gestaltete Titelseite mit Namen, Erscheinungsort und -datum
- Inhaltsverzeichnis
- Seitenzählung
- Vollständig bearbeitete, sorgfältig geschriebene Seiten
- gut lesbare Schrift
- richtige Schreibweise und Kommasetzung, gelungene Formulierungen
- Einsatz und Kommentierung von Fotos und Abbildungen, auch selbst Gezeichnetes

Als Prozess begleitendes Feedback dienen Fragestellungen wie:

- Was ist dein bislang bestes Stück?
- Welche Hindernisse hast du überwunden?
- Was hast du bisher schon herausgefunden?
- Wo hast du besonders viele Anregungen erhalten?

Transparenz dieser Art entfaltet nicht nur orientierende Kraft und begünstigt selbstverantwortetes Lernen, sondern qualifiziert die Schüler darüber hinaus in zunehmendem Maße, ihre Ergebnisse überarbeiten, verbessern und bewerten zu können. Sie erhalten also wesentliche Anregungen und sammeln Erfahrungen, die einen Impuls für nachhaltiges, lebenslanges Lernen liefern. Denn im Unterschied zu den Zifferbewertungen durch den Lehrer, denen es häufig an kommunizierter Transparenz und Orientierung mangelt, die eher auf Abhängigkeit basiert und wenig zu einer angemessenen, realistischen Selbsteinschätzung beiträgt, kann der Rückgriff auf Selbst- und Fremdfeedback die Schüler unabhängig von der Bewertung durch andere machen und solides Selbstvertrauen erzeugen.

Wie kann man Feedback geben?

Feedback ist wichtig, aber oftmals fehlt die Zeit dazu. Dann kann man zur Daumenprobe greifen: „Lasst ganz kurz noch einmal die Stunde Revue passieren. Wie stand es heute um deine Aufmerksamkeit? Daumen hoch heißt: Ich konnte meistens gut aufpassen, Daumen runter heißt: Ich konnte heute nicht so gut aufpassen. Überlegt euch auch, warum ihr euch so entscheidet. Bitte zeigt euren Daumen – 1, 2, 3 – jetzt!“ Es ist wichtig, dass die Daumen – „auf Kommando“ – gemeinsam gezeigt werden, um auf diese Weise zu verhindern, dass man sich an die Nachbarn und Freunde einfach anpasst. Andere Beispiele für diese schnelle Form des Feedbacks, das nicht unbedingt genauer analysiert und reflektiert wird:

„Ich habe heute viel / wenig Interessantes / Neues / für mich Wichtiges gelernt.“
„Ich habe mich in der Gruppe wohlgefühlt / nicht so wohlgefühlt, weil …“

Die Finger sind ein einfaches Feedback-Instrument auch für andere Fragestellungen. So kann der Lehrer die Schüler bitten, sich den Ablauf der Stunde anhand des visualisierten Stundenprogramms in Erinnerung zu rufen (siehe Kapitel „Unterrichtseinstiege“). Wenn die einzelnen Stundenphasen nummeriert sind, kann er beispielsweise sagen:

> „Zeige mit deinen Fingern, in welcher Phase der Stunde du besonders gut / besonders schlecht lernen konntest.“ Oder, wenn an unterschiedlichen Lernstationen gearbeitet wurde: „Zeige auf die Station, die dir am besten gefallen hat / an der du am besten lernen konntest.“

Schon in der ersten Klasse können Kinder differenziertes Feedback geben. Nach festen Spielregeln äußern sie sich zu Bildkarten: „Was war gut?“, „Was war schlecht?“, „Was habe ich gelernt?“. Folgende Spielregeln haben sich dabei bewährt: Das Feedback wird mithilfe der Bildkarten (großer Smiley / „Saddy“) von zwei Schülern geleitet. Damit es zeitlich nicht ausufert und möglicherweise langweilig wird, dürfen sich je Feedback-Runde nur jeweils zwei Jungen und zwei Mädchen äußern. Es ist tabu, Namen zu nennen („Thorsten hat immer …“). Ein Kind kann das „Warum“-Kind sein und jeweils um Begründungen bitten. Die Qualität, die damit in Klassen, in denen das Klima stimmt, erreicht werden kann, ist beachtlich und bietet beste Voraussetzungen dafür, eine konstruktive Feedback-Kultur zu entwickeln und zu erhalten.

Feedback kann mündlich, schriftlich und darstellend gegeben werden. Sowohl für die mündliche wie die schriftliche Variante gilt, dass der Ton die Musik macht! Deshalb lohnt es sich, über hilfreiche Formulierungen nachzudenken und diese, zumindest anfangs, fast schematisch zu verwenden. Es ist schon schwierig genug, jemand anderem, der einem nicht unbedingt vertraut ist, etwas Nettes zu sagen („Mir gefällt an dir, …“, „Du kannst gut …“, „Ich finde gut, dass du …“). Weit schwieriger ist es, konstruktive Kritik so zu formulieren, dass der andere sie auch anhören und vielleicht sogar annehmen kann. Ganz besonders schwierig ist es – weil meistens ganz ungewohnt, ungeübt und häufig völlig unbekannt – auch Lehrer zu kritisieren. Dabei könnten folgende Formulierungen helfen, die man sowohl mündlich als auch schriftlich verwenden kann:

„Mit folgendem Verhalten helfen Sie mir, gut zu lernen und mich in der Gruppe wohl zu fühlen. Bitte behalten Sie das bei: ...“
„Folgendes Verhalten vermisse ich bei Ihnen. Könnten Sie versuchen, es ein bisschen öfter zu zeigen? “
„Folgendes Verhalten erlebe ich als hinderlich für mein Lernen bzw. für mein Wohlfühlen in der Gruppe. Können Sie es bitte seltener zeigen oder ganz darauf verzichten?“

Alle drei Formulierungen eignen sich in gleicher Weise auch für Feedback, das sich die Schüler untereinander geben.

Auch für Gespräche zum Thema Feedback gelten selbstverständlich die im Kapitel „Unterrichtsgespräche“ formulierten Hilfen und Kriterien. Die Ergebnisse eines solchen Gesprächs können auf Plakaten, einer expliziten „Feedback-Wand“ oder in einem „Feedback“-Klassenheft festgehalten werden. Die beiden Letztgenannten stehen den Schülern auch für spontane schriftliche Äußerungen zur Verfügung.

Zu den bereits erwähnten Ideen für schriftliches Feedback kommt die klassische Form in Gestalt von Fragebögen hinzu. Einige wichtige Gesichtspunkte, auf die man bei der Verwendung von Fragebögen achten sollte:

- Sie sollten in der Regel von den Schülern anonym ausgefüllt werden, damit diese sich wirklich offen äußern.
- Der Anlass, die Methode und der Kontext müssen genau begründet werden.
- Die Schüler sollen die Fragebögen einzeln ausfüllen und nicht darüber sprechen.

Die Ergebnisse werden rückgemeldet und sind Anlass für ein vertiefendes Gespräch und das gemeinsame Nachdenken über Konsequenzen.
Schließlich gibt es andere Formen des weniger direkten Feedbacks, das sich anderer Mittel bedient als die direkte mündliche oder schriftliche Äuße-

rung: Schüler können Unterrichtssituationen, die Anlass für Verbesserungen oder Veränderungen geben, in bildlicher Form, als Standbild oder Rollenspiel darstellen, zum Beispiel unter der Überschrift „Typisch Unterricht!“ Oder sie äußern sich, indem sie Klebepunkte zu den einzelnen Kategorien auf eine „Zielscheibe“ setzen. Je näher der Punkt am Zentrum der Zielscheibe gesetzt wurde, umso mehr signalisiert er Zustimmung zur jeweiligen Aussage.

Diese Formen des Feedbacks sind aber nur „Türöffner“ und Anlässe dafür, die jeweiligen Themen in der oben beschriebenen Weise zu vertiefen, zu differenzieren und zu präzisieren.

Konsequenzen und Erfolgskontrolle

Wenn Feedback folgenlos bleibt, macht es keinen Sinn. Wenn der Lehrer das kurze Feedback seiner Schüler in Form einer „Daumenprobe“ aufmerksam registriert, kann er daraus bereits erste Konsequenzen ableiten, beispielsweise hinsichtlich der Auswahl von Arbeitsblättern, dem Umfang von Gesprächsphasen oder der Notwendigkeit, bestimmte Fertigkeiten intensiver zu trainieren.

Ausführlicheres Feedback, das konstruktiv formuliert wurde, impliziert Konsequenzen. Und solche müssen deshalb auch ausdrücklich formuliert, möglichst schriftlich festgehalten und regelmäßig überprüft werden. Die verabredeten Konsequenzen sollten als operationalisierte Ziele formuliert sein, weil nur so eine Überprüfung durch alle Beteiligten möglich ist. Kleine Ziele, Zwischenziele sollten möglichst häufig kurz überprüft werden, und zwar

- durch Selbstkontrolle, zum Beispiel: Ich will mich häufiger am Unterricht beteiligen; ich melde mich in jeder Stunde wenigstens dreimal. Am Ende einer Stunde trage ich in einem individuellen Selbstkontroll-Feedback-Bogen ein, ob ich mein Ziel erreicht habe.
- durch gegenseitige Kontrolle, zum Beispiel: Wir haben zu zweit verabredet, uns gegenseitig zu coachen. Ich achte auf dein Ziel, keine abwertenden Bemerkungen anderen gegenüber zu machen, und du achtest auf mein Ziel, meine mündlichen Unterrichtsbeiträge kurz zu halten. Am Ende

der Stunde geben wir uns gegenseitiges Feedback und halten das Ergebnis in einem Feedback-Bogen fest. Gegenseitige Kontrolle kann auch zwischen Lehrern und Schülern stattfinden. Ziele des Lehrers können zum Beispiel sein: Ich beende die Stunde pünktlich; ich höre erst zu, bevor ich (ver)urteile.
- durch gemeinsames Feedback, z. B.: Die Gruppe XY ist (als Gruppe) zufrieden mit ihrer Arbeitshaltung in dieser Stunde. Das heißt, jedes Mitglied konnte in der Gruppe gut und konzentriert arbeiten, wurde angehört und respektiert und hat sich gut an der Arbeit der Gruppe beteiligt.

Diese Form der Rückmeldung kann man mithilfe von Punkten noch erweitern oder differenzieren, zum Beispiel: Wir geben uns als Gruppe hinsichtlich der Arbeitshaltung 8 von 10 möglichen Punkten. Die Gruppe kann aber auch ein Punktekonto (von beispielsweise 100 Punkten) an die einzelnen Mitglieder verteilen. Das erfordert natürlich eine bereits recht weit entwickelte Feedback-Kultur.
Um den Erfolg des Feedbacks zu kontrollieren, haben sich einerseits individuelle Feedback-Bögen bewährt, die entweder zur Selbstkontrolle benutzt werden, oder um dort die Rückmeldung von anderen festzuhalten. Darüber hinaus kann es hilfreich sein, gemeinsame Erfolge für alle sichtbar auf Ergebnispostern zu plakatieren. Zum Beispiel können sich alle Schüler einer Klasse vornehmen, zum Stundenbeginn pünktlich im Klassenraum zu sein. Das lässt sich leicht überprüfen und kann auf einem Plakat mit einer „Erfolgskurve“ dokumentiert werden.

Feedback braucht Zeit und Regelmäßigkeit

Feedback ist ein Instrument, das je häufiger und regelmäßiger es eingesetzt wird, desto größere Effekte erzielt. Und gleichzeitig darf Feedback nicht übertrieben werden, weil sonst leicht auch eine Feedback-Müdigkeit entsteht. Dann setzen sich Schüler nicht mehr ernsthaft mit den Feedbackfragen auseinander, sondern sie antworten formel- und floskelhaft.

Feedback eignet sich **für eine Einzel- oder Doppelstunde**. Auch individualisiertes Lernen benötigt Feedback, um die einzelnen unterschiedlichen Erfahrungen wieder zu kommunizieren und darüber nachzudenken, wie das Lernen an unterschiedlichen Themen und mit verschiedenen Partnern und

Materialien gelang, was zusätzlich von den anderen an Unterstützung oder Rücksichtnahme benötigt wird und was man selbst anbieten kann. Dies führt die verschiedenen Puzzleteile wieder zusammen, fördert und fordert die sozialen Kompetenzen und begünstigt den kooperativen Austausch.
Am Ende einer Woche – beispielsweise im Klassenrat – gibt es ein Feedback dazu, wie jeder die Lernatmosphäre wahrgenommen hat, womit er zufrieden war und was mögliche Probleme, Wünsche Tipps, Konflikte waren, die nun zur genaueren Bearbeitung aufgetischt werden (s. Rituale, Bilanzierung).
Bei jedem Thema gilt es, zurückzublicken, innezuhalten, zu reflektieren, was genau man sachlich mitnimmt, methodisch dazugelernt hat, in der Kooperation erfahren hat und wie geeignet und sinnvoll, angemessen, differenziert, interessant und attraktiv die Aufgaben(stellungen) konzipiert waren. Dies als Rückmeldung auf der Sachebene an den Lehrer.
Auch zum Halbjahr und zum Schuljahresende gilt es wieder innezuhalten und in jedem Fach gemeinsam auf die Lerngruppe zurückzublicken, und zwar auf der Basis der Selbstreflexion jedes einzelnen Schülers. Dies ist der Zeitpunkt und die Phase, in der es gilt, Zielvereinbarungen vom Schuljahresbeginn unter die Lupe zu nehmen, darüber nachzudenken und auch die unterschiedlichen Produkte und Leistungsbeweise zu studieren und zu nutzen, um den erreichten Stand für sich in seiner persönlichen Leistungsbilanz festzuhalten und im Kontext mit einem Lernstandsgespräch mit dem Lehrer sowie den Eltern zu kommunizieren und mit deren Beobachtungen und Interpretationen abzugleichen und sich für das kommende Schuljahr auf neue Schritte zu verständigen. Das Ergebnis dieses Feedbackgesprächs sollte dokumentiert werden.

Feedback braucht geeignete Dokumentationsformen, Instrumente und Schriftlichkeit

Lerntagebuch

Darüber hinaus ist es sinnvoll, systematisch die Selbstwahrnehmungskompetenz der Schüler aufzubauen, etwa durch ein Lerntagebuch, in dem die Schüler ihre Wahrnehmungen und Selbstbeobachtungen festhalten. Etwa mit folgenden Reflexionsfragen:

- Was ist dir heute besonders gut gelungen?
- Worauf bist du besonders stolz und warum?
- Wobei hast du dich richtig angestrengt?
- Was war schwierig für dich und warum?
- Welche Tipps hast du für die anderen und für die Lehrkraft?

Dieses kleine Heft, das die Schüler in Eigenregie führen, baut nicht nur langfristig eine Reflexionskompetenz auf, sondern trägt dazu bei, dass die Schüler schon nach kurzem Nachdenken in der Lage sind, substantielle Anmerkungen zu den Rahmenbedingungen des Lernens zu machen, die ihren individuellen Bedürfnissen entsprechen und die wichtig sind, um erfolgreich voneinander und miteinander zu lernen.

Logbuch für die Woche, für die Schulwochen

Das Logbuch ist ein Instrument für die Selbstorganisation und Individualisierung des Lernens bei gleichzeitiger Standardsicherung. Es ist ein Instrument, um das eigene Lernen mit Zielen zu begleiten und die Selbstreflexion kontinuierlich zu fordern und für sich selbst zu dokumentieren.

Datum	Persönliche Ziele: Fachziele: Welche Fachaufgaben nehme ich mir vor? (Sache) Woran arbeite ich persönlich weiter? (Methodenkompetenz) Was ist mein Ziel in Sachen Team- oder Gruppenarbeit?	Was habe ich geschafft? Wie habe ich gearbeitet? (alleine / im Team) konzentriert, effektiv	Wie zufrieden bin ich mit meinen Ergebnissen? Was hat besonders gut geklappt? Was nehme ich mir für das nächste Mal vor: - zum Fach - zu meinem Lernen - zu meiner Kooperation?

Portfolio

Das Portfolio ist ein Lernbegleiter der besonderen Art. Es gibt unterschiedliche Versionen und Ziele, die das Portfolio für den individualisierten Unterricht mit seinen selbstgesteuerten Lernarrangements bedeutsam machen. Als Lernbegleiter, in dem ausgewählte Stücke gesammelt werden – nicht nur die exzellentesten, sondern vor allem die lerneffektivsten – wird es zu einem Ort, in dem die individuelle Auseinandersetzung mit dem Thema dokumentiert und reflektiert wird. Dafür macht es Sinn, Nachdenkfragen zu formulieren und den Schülern Zeiten zu geben, in denen sie ihre Gedanken schriftlich formulieren können.

Literaturtipps:

Johannes Bastian, Arno Combe, Roman Langer: Feedback-Methoden, Beltz 2003

Ilse Brunner, Thomas Häcker, Felix Winter: Das Handbuch Portfolioarbeit: Konzepte – Anregungen – Erfahrungen aus Schule und Lehrerbildung, Kallmeyer 2006

Gabriele Cwik, Willi Risters: Lernen lernen von Anfang an. Individuelle Methoden trainieren, Kommunikation und Kooperation trainieren, Cornelsen 2007

Rückmeldung über Unterricht: Heft 5 / 2001 der Zeitschrift „Pädagogik“

Jörg Fengler: Feedback geben. Strategien und Übungen, Beltz 1998

Thomas Häcker: Portfolio: ein Entwicklungsinstrument für selbstbestimmtes Lernen. Eine explorative Studie zur Arbeit mit Portfolios in der Sekundarstufe I, Schneider Verlag Hohengehren 2006

Felix Winter: Leistungsbewertung: Eine neue Lernkultur braucht einen anderen Umgang mit Schülerleistungen, Schneider Verlag Hohengehren 2010

Webtipp:

www.webmusic.ch/feedback/ (Feedback geben)

Rituale

Der Ruf nach Grenzen, die spätestens die Lehrer zu setzen hätten, ertönt allerorts. Viele Schüler scheinen Grundsätze von Höflichkeit und gegenseitigem Respekt nicht mehr zu beherrschen. Die Sozialisationsfunktion von Schule ist mehr denn je gefragt. Störungen, Aggressionen beeinträchtigen vielerorts die Atmosphäre und belasten das Lernen in Kursen und Klassen. Erziehungsaufgaben beanspruchen in zunehmendem Maße Unterrichtszeit. Appelle an Wohlverhalten und Rücksichtnahme verhallen wirkungslos. In dieser Situation sind verschiedene Reaktionsformen auszumachen: In vielen Klassen werden Regelkataloge für das Zusammensein formuliert und mit wachsender Konsequenz auch durchgesetzt. Damit werden gröbste Beeinträchtigungen ausgeräumt. Viele Schulgesetze haben den Katalog von Disziplinarmaßnahmen verschärft. Welche Wirkungen dies wirklich für den einzelnen Schüler, die verschiedenen Klassen hat, bleibt abzuwarten. Allen Maßnahmen ist gemeinsam, dass damit negative Aktivitäten sanktioniert werden sollen.

Einen anderen Weg schlagen Schulprogramme ein, die das Zusammensein in der Schule gestalten und verstärkt auf Traditionen, Brauchtum, Zeremonien und Rituale zurückgreifen. Lange verpönte Feierlichkeiten werden reaktiviert: Geburtstagsfeiern, Fasching, Frühlings- und Sommerfeste, Erntedank in den Grundschulen. Selbst in den Sekundarstufen werden zunehmend Feierlichkeiten abgehalten, nicht nur zu Beginn und zum Ende der Schulzeit – auch Monatsfeiern oder halbjährliche Feste werden zelebriert und mancherorts sogar Geburtstage. Aus der Versenkung hervorgeholt mutieren Rituale für viele zum Allheilmittel. Fast andächtig wird davon gesprochen, dass das Handaufheben als rituelles Ruhezeichen fungiere. Es grassiert die Hoffnung, mithilfe von „Ritualen“ schwierige, konfliktträchtige Situationen im Schulalltag zu entspannen, Atmosphäre zu stiften in den Klassen sowie der Schule insgesamt. Manche schrecken gar vor einem direkten Transfer von Riten amerikanischer, asiatischer oder afrikanischer Kulturvölker nicht zurück.

Die Definition von Ritualen ist schwierig, weil es ganz unterschiedliche theoretische Ansätze gibt. Der Begriff wird inflationär genutzt, was ihn noch gefährlicher macht, weil „Rituale“ scheinbar sakrosankt sind, sich rationaler Kritik entziehen und viel Druck erzeugen, um die Schüler als Individuen durch Gruppendruck zu disziplinieren. Unter einem schulischen Ritual verstehen wir einen Prozess, der Zeit, Ort, Symbolik sowie Ablauf strukturiert und einrahmt und an dem alle, Lehrer wie Schüler, gleichberechtigt beteiligt sind.

In der Schule und im Unterricht haben wir es vornehmlich mit ritualisierten Handlungsabläufen zu tun, wenn es um Gemeinschaftsaktivitäten geht: Gesprächssituationen, Präsentation oder Feedback. Vielfach sichern solche ritualisierten Abläufe beispielsweise Auftritte von Schülern ab, die mit deren Hilfe in eine herausragende Position rücken, als Experten und Leiter fungieren, ohne dass der Lehrer für Respekt oder Ruhe sorgen müsste: als Experte der Woche, Leiter und Gestalter des Warming-Up, als Nachrichtensprecher. Ein tragfähiges Ritual bewahrt sich eine Dynamik, die aus den immer wieder veränderten Erfahrungen im Ablauf entsteht. Dazu gehört, die Schüler selbst an diesem Prozess zu beteiligen, ihnen viele Aufgaben als „Zeremonienmeister“ zu übertragen, Abänderungen nicht nur zu ermöglichen, sondern damit der Kreativität und den Selbsterfahrungen Raum zu geben – das beste Mittel gegen Erstarrung.

Insofern wirken viele solcher Rituale wie ein Geländer, das die Treppe der Selbstständigkeit, des kooperativen Lernens in einer Klasse leichter und behänder erklimmen hilft: Die ritualisierte Wiederholung von Stoff durch Schüler als Stundenbeginn im Fachunterricht oder der Pressebericht zu Beginn einer Politik-, Geschichts- oder Deutschstunde schaffen Handlungskompetenz ebenso wie der ritualisierte Start des „Sich-frei-Schreibens oder -Malens“ in ein „Freies Heft“. Klassenarbeiten können gemeinsam nach einem „ritualisierten“ Ablauf korrigiert und überarbeitet werden, was ebenso hilfreich und strukturierend ist, wie eine genaue Schrittabfolge bei „Schreibkonferenzen“ zur Überarbeitung von Texten.

Wenn die Lehrkraft Rituale einsetzen möchte, um den Gruppenprozess und die Klassenatmosphäre konstruktiv zu prägen und damit die Basis für eine eigene (Klassen-)Kultur zu schaffen, dann sollte weniger der disziplinierende Effekt von Ritualen der Hintergedanke sein, sondern der Wunsch, jedem Individuum der Klasse in seiner Besonderheit in der Gruppe Platz und Anerkennung einzuräumen und allen die Chance zu geben, ihrerseits das Klassenbild mit ihren persönlichen „Duftmarken“ zu bereichern und zu prägen. Das leistet beispielsweise das wöchentliche Ritual einer Klassenzeitung, an deren Produktion, Gestaltung und Kritik alle beteiligt sind. Es handelt sich hier also weniger um etwas Unveränderliches, was sich in einem ritualisierten Handlungsablauf ausdrückt, sondern gerade auch um etwas, was sich wieder und wieder den sich verändernden Bedürfnissen der Beteiligten anpasst und ihnen Ausdruck verleiht.

Rituale bedienen auch im schulischen Kontext das menschliche Bedürfnis nach Ordnung und Beständigkeit, lassen Erklärungen und langatmige Arbeitsaufträge überflüssig werden, vermitteln durch die erfolgreiche Selbstständigkeit gewichtige Erfolgserlebnisse und ermöglichen Erfahrungen und Handlungsmuster, die auch auf den Alltag erfolgreich zu übertragen sind, wie etwa ritualisierte Abläufe der Konfliktbewältigung oder Feedbackrituale. Im Schulalltag macht es Sinn, weniger Rituale als ritualisierte Handlungsabläufe einzuführen: Letztere reduzieren den emotional-meditativen Gehalt des Rituals und stecken doch einen klaren Rahmen für Probehandlungen und Selbstorganisation ab. Fachspezifische Versionen von ritualisierten Handlungsabläufen sind gleichermaßen sinnvoll – schon in der Grundschule:

- Das Freie Heft, in das bereits Grundschulkinder zu Beginn von Schreib- oder Deutschstunden sich frei schreiben können, leise, ungestört und nur für sich.
- Auch für die Einstimmung in die Mathematik, in Fremdsprachen oder in naturwissenschaftlichen Unterricht macht das 5-minütige freie Schreiben auch noch in Klasse 5 und 6 Sinn und stimmt auf das Fach ein.
- Die Veröffentlichung des Stundenprogramms durch den Lehrer; der Pressebericht, den immer ein anderer Schüler verantwortet, um die aktuellen Meldungen zum Fach bzw. Thema zum Besten zu geben und Fragen der Mitschüler zu beantworten (für Politik, Ethik, aber auch für Erdkunde, Biologie oder andere Naturwissenschaften).
- Die regelmäßige Frage der Woche, die jeweils bis zum Freitag zu lösen ist; die Botschaft für den roten Faden, mit dem sich eine Grundschulklasse vier Jahre lang zum Abschluss eines Schultages das Wichtigste dokumentiert.

Es macht die Güte von Ritualen im schülerorientierten Unterricht aus, dass sie nicht nur für feierliche Anlässe oder zur Würdigung genutzt werden, sondern dass sie darüber hinaus gemeinsam mit der Lerngruppe zur Erholung, zur Entspannung konfliktträchtiger Situationen entwickelt, ausprobiert, etabliert, nach einem bestimmten Zeitraum neuerlich reflektiert und auch wieder in Frage gestellt werden. Als besonders hilfreich haben sich ritualisierte Abläufe für die Klassenratsstunde erwiesen, in denen die Gesprächsleitung an eine wechselnde Gruppe abgetreten wird, die Tagesordnung und auch die Bearbeitung von Streit- und Konfliktfällen einem bestimmten Ablauf folgt. Aber nicht nur Konflikte „rufen" nach klaren, mehr Handlungssicherheit erzeugenden ritualisierten Abläufen. Auch Einstiegs- und Ausklangssituationen oder sich über die ganze Schulwoche erstreckende Markierungspunkte helfen den Schülern, sich inhaltlich und effektiv auf die Bewältigung der unterschiedlichsten Aufgaben einzustellen.

Das Faszinierende an ritualisierten Handlungsabläufen ist, dass sie das besondere Profil der Gruppe prägen: Jede Klasse schafft sich so ihre eigene Kultur, die Schutz bietet für das Miteinander und Sicherheit stiftet durch die Abgrenzung von anderen. Es entsteht so etwas wie eine Geheimsprache, die andere nicht deuten und angemessen in Handlungen übersetzen können. Malt man beispielsweise in irgendeiner Klasse einen Kreis an die Tafel, passiert überhaupt nichts. Dagegen bildet sich rasch ein Sitzkreis in jenen Klassen, in denen es als Symbol für den Beginn eines Kreisgesprächs verankert ist. Dort ist dann auch der Gesprächsablauf stark ritualisiert und befindet sich ganz selbstverständlich in der Hand der Schüler: vom Zeitwächter über die Rederechte bis hin zum Gesprächsschluss.

Die Enthierarchisierung durch solche ritualisierten Handlungsabläufe erkennt jeder Lehrer daran, dass er seine Sonderrolle, sein Dauerrederecht, seine Befehlsgewalt vorübergehend einbüßt – auch er reiht sich ein, meldet sich und muss warten, bis er aufgerufen wird. Er beteiligt sich als Gleicher unter Gleichen, schreibt auch fünf Minuten lang in sein 5-Minuten-Heft wie die Schüler, verfasst eigene Beiträge für die Klassenzeitung. Und wenn man nicht als Gleicher unter Gleichen agieren kann oder möchte, dann sollte man sich doch wenigstens zurückhalten und den von Schülern gestalteten Prozess von außen beobachten. Die Sonderrolle der Lehrkraft wird nur dann deutlich, wenn es gilt, ein Ritual zu erfinden und die Schüler erste Erfahrungen damit sammeln zu lassen, bis sie alle in der Lage sind, diesen Rahmen selbst zu nutzen. In solchen Entstehungsprozessen ist der Lehrer dafür zuständig, Platz, Zeit und Ort freizugeben und zu schützen. Er hat dafür zu sorgen, dass jedes Gruppenmitglied Erfahrungen mit den verschiedenen Phasen des rituellen Prozesses sammelt, die Schrittabfolge beherrscht, bevor er sich aus der Verantwortung zurückzieht. Viele Schüler wehren Veränderungen erst ab, widersetzen sich dem Erfahrungsprozess und sind doch nach einiger Zeit die vehementesten Befürworter. In diesem Sinn benötigt die Vorstellung und Praxis neuer ritualisierter Handlungsabläufe vom Lehrer wie von den Schülern etwas Geduld, die umso mehr gefordert ist, je seltener ein Ritual stattfindet: Ritualisierte Anfänge von Stunden etablieren sich naturgemäß wesentlich zügiger als solche, die nur einmal jedes halbe Jahr oder gar nur einmal im Jahr greifen, wie das Verteilen der Zeugnisse.

Der Einsatz von Ritualen im Schulleben bleibt eine Gratwanderung: Rituale leben davon, dass die Interessen und bewussten Entscheidungen des Einzelnen in den Hintergrund treten und aufgehen in etwas Gemeinsamem. So brächte ein ewiges Diskutieren darüber, ob man nun dazwischenreden darf, wenn man den „Redestein" nicht hat, den „Redestein" und seine Wirkungen auf den ritualisierten Gesprächsablauf in Gefahr. So können Rituale auch Druck erzeugen. Sie setzen die Messlatte für jeden sehr hoch, der sich dem Ritual entziehen will. Und da Rituale nicht nur mit dem Gemeinschaftsgefühl arbeiten, sondern dieses gerade durch ein starkes sinnliches Erleben intensivieren, ist es umso schwerer, sich argumentativ zu entziehen.

Rituale vervielfachen ihre Wirkungen durch gezielte sinnliche Erfahrungen. Viele meditative Elemente fließen ein: Hier sollen die Augen geschlossen und Stille erlebt werden, dort Bilder entstehen und zu Papier gebracht werden, hier ertönt leise Musik und gibt den Rahmen für freies Zeichnen oder Schreiben, dort ist es das Streicheln mit einer Feder, das einen „aufweckt" und zum Verlassen der Sporthalle „ruft".

Schon hier spürt man, wie viel Druck von der Situation ausgeht, wie anfällig für Störungen solche symbolischen Arrangements sind. Denn jeder Schüler, der während einer Fantasiereise dazwischenruft oder sich plötzlich mit seinem Nachbarn unterhält, gefährdet jede Fantasiereise. Ermahnungen an dieser Stelle bringen die Situation zum Kippen. Und jeder Versuch, hier mit mehr Druck zu arbeiten, um die Situation scheinbar zu retten, erzeugt anstelle von Sicherheit eher Aggression und Angst.

Wenn man als Lehrer mit Ritualen im Unterricht arbeitet, ist also viel Sensibilität und Fingerspitzengefühl gefragt bei der Einführung, dem Aufrechterhalten und der irgendwann notwendigen Veränderung.

Literaturtipps:

Weitere Beispiele und Hintergrundinformationen sowie Literaturangaben finden Sie in:

Roland Bauer (Hg.): Schule als Lern- und Lebensort gestalten, Cornelsen 2001

Annemarie von der Groeben: Rituale in Schule und Unterricht, Bergmann+Helbig 2000

Gisela Hüsten, Irene Gruber, Regina Winkler-Menzel: Hilfreiche Rituale für den Grundschulalltag, Oldenbourg 2007

Astrid Kaiser: 1000 Rituale für die Grundschule, Schneider Verlag Hohengehren 2010

Walter Kowalczyk, Klaus Ottich: Erziehen: Handlungsrezepte für den Schulalltag in der Sekundarstufe. Grundlagenband, Cornelsen 2004

Susanne Petersen: Rituale für kooperatives Lernen in der Grundschule und in der Sekundarstufe I, Cornelsen 2010, 4. Aufl.

Das Ende von Stunden oder Arbeitsphasen

Wer kennt es nicht, das schrille Klingeln, das eine Stunde zum Abbruch, die Schüler nach draußen treibt und den Lehrer verzweifelt um Aufmerksamkeit ringen lässt, damit er wenigstens noch die Hausaufgaben unterbringen kann. Rufe wie „Halt! Ich bin es, der die Stunde beendet!" verhallen oft ungehört. Denn gegen eine solche Aufbruchstimmung muss man schon höchste Durchsetzungskraft aufbringen und kämpft doch größtenteils vergebens, weil kaum noch einer zuhört, selbst wenn man die Schüler „einfriert". Diese Situation ist nicht nur anstrengend und nervenaufreibend für den Lehrer, abträglich für die Sache, sie ist vor allem kontraproduktiv für das Lernklima. Nicht die Ergebnisse des Unterrichts oder der erreichte Zwischenstand sind Thema, vielmehr die Unvollständigkeit, das Noch-nicht-Geschaffte. Alle werden Zeuge davon und erleben dieses Phänomen tagtäglich mehrfach in Unterricht und Schule: Arbeits- und Lernprozesse werden nicht nur unterbrochen – was aufgrund der Schulorganisation normal ist – sondern meistens abgebrochen.

Langfristig wird dadurch das Lernen beeinträchtigt: Schlimm genug, dass die Schulorganisation mit Pausen und Klingeln längerfristige Arbeitsprozesse zerreißt, noch schwerer wiegt, dass sich das Bewusstsein verfestigt, dass dies natürlich sei, dass es nicht so sehr auf den Ertrag und die Reflexion ankomme, sondern mehr auf die Einhaltung zeitlicher Abläufe. Zeit und Stunden verschwimmen. Das Besondere verliert sich im Einheitsbrei. Allenfalls die Erinnerung an die Personen bleibt, weniger an die Inhalte und schon gar nicht an persönliche Lernfortschritte.

Auch für die Lehrerschaft ist Zeit ein Stressfaktor, insbesondere, wenn dies verbunden ist mit einem Wechsel der Lerngruppe im 45-Minuten-Takt. Wenn sich dann noch solche Stundenenden häufen, die keine Ernte einfahren, die nicht reflektieren, was in der vorangegangenen Zeit gelernt, geübt oder nicht geschafft wurde und woran dies jeweils lag, dann erhöht sich damit ein Potenzial, das wachsende Berufsunzufriedenheit begünstigt.

Es passiert natürlich im Eifer der Arbeit immer wieder, dass selbstständige Phasen mehr Zeit benötigen als erwartet, man mit dem Stoff nicht fertig wird und noch in das Klingeln hinein die letzten Ergebnisse an die Klasse bringen will. Die Effekte – das stellen wir dann in den nächsten Stunden fest – lassen die meisten Wünsche offen. Die Schüler, die schon vorher verstanden hatten, kommen auch mit dieser Art Endspurt zurecht; wem es allerdings schon in der Stunde zu rasch gegangen war und wer sich ohnehin schwer tut mit diesem verordneten Lernen im Gleichschritt, der hörte da schon lange nicht mehr zu. Denn die Schüler begreifen in den allermeisten Fällen das Klingeln bewusst oder unbewusst als eine ihnen zustehende Erholungszeit, in der die Lehrerin oder der Lehrer das Recht verloren hat, ihre Aufmerksamkeit noch weiter zu beanspruchen. Das Unfertige doch noch zu einer Art Abschluss bringen zu wollen, und sei es, dass man alle dazu verpflichtet, das Nicht-Geschaffte als Hausaufgabe nachzuarbeiten, diese negativen Erfahrungen lassen die Konzentrationsbereitschaft der meisten Schüler gen Null schrumpfen.

Auch wenn die Unterrichtszeiten (zu) kurz sind, um selbstständige Arbeitsarrangements mit umfangreichen Präsentationen zu ermöglichen, ist es doch ein Gebot der Arbeitszufriedenheit, -ökonomie und letztlich höherer Effizienz, eine kurze Reflexionsphase einzuplanen. Schließlich geht es hier darum, sich ein Innehalten zu gönnen, in dem alle auf das blicken, was in der gemeinsamen Arbeitszeit eigentlich passiert ist, bevor die Gruppe auseinandergeht oder mit einem neuen Arbeitskomplex beginnt. Ansonsten betrügen sich alle Beteiligten darum, Erfolge überhaupt wahrzunehmen und den jeweiligen Hintergründen und Transfermöglichkeiten auf die Schliche zu kommen. Dies betrifft nicht nur jeden Einzelnen, den Lehrer eingeschlossen, sondern die Kooperation zu zweit oder in der Gruppe gleichermaßen. Hier stehen wir an der Quelle des konstruktiven Umgangs miteinander (siehe Kapitel „Konstruktive Atmosphäre“, „Feedback“). Wie sonst, wenn nicht durch gemeinsames Nachdenken, wird es den Schülern möglich, auch die Fortschritte, Kompetenzen, Bedürfnisse und Wünsche – die eigenen wie die der anderen – kennenzulernen und künftig für die eigene Arbeit zu berücksichtigen.

Durch ein Ritual wie „Die letzten fünf Minuten gönnen wir uns für das Stundenende“ werden also lernpsychologisch wichtige Bedürfnisse befriedigt, denn die Aufmerksamkeit aller für die persönlichen und gemeinsamen Arbeitsprozesse wächst, weil von vornherein feststeht, dass hier eine Chance zur Würdigung, zum Loswerden von Kritik, zur Reflexion oder auch nur zur Erholung besteht. Denn alle betrachten sich dann – je häufiger und geübter sie sind, umso besser – aus der Vogelperspektive, blicken auf ihr persönliches Tun sowie ihre gemeinschaftlichen Aktivitäten, machen Lernen in seinen Höhen und Tiefen besprechbar. Und last but not least sind solche Schlussphasen geeignet, nachteilige Effekte unseres Berufs abzuschwächen, vor allem auf den Fehler zu schauen. Solch eine „déformation professionelle“ wird gerade auch durch Schlussphasen verringert, wenn sich der Blick gezielt auf das Erreichte, auf den Erfolg richtet.

Tipps für einen gelungenen Stundenschluss

Gegen das Vergessen – für das Erinnern

- Einen Timer auf 40 Minuten einstellen bzw. so lange, wie man bis zum Abschluss real noch zur Verfügung hat, dies allen transparent machen und damit begründen, dass am Stundenende kurz noch einmal auf den Ertrag und die Leistungen geschaut wird.
- Einen Schüler zum Zeitverantwortlichen machen und ihm die Moderation für die Schlusssequenz übertragen. Geeignete Abschlussfragen können in einem gesonderten Unterrichtsgespräch gesammelt und ausgehängt werden. Reihum kommen alle einmal zum Zug.

Atmosphärische Gestaltungsideen

- Ein Lied zum Abschluss, mit dem vielleicht auch schon die Stunde eröffnet wurde, die als Erkennungsmelodie für ein Thema dient und nun die gemeinsame Arbeit zu einem vorläufigen Abschluss bringt. Dies dauert nicht lange, reflektiert nicht, sondern vermittelt eher das Gefühl gemeinsamen Lernens zu einem bestimmten Thema.
- Ein Spiel zum Abschluss, möglichst in Verbindung zum Thema. Es könnte sich um ein kleines Quiz handeln, zu dem im Verlauf der Stunde neue Fragen und Antworten entstanden sind, die hiermit sogleich geprüft, da-

durch gewürdigt und genutzt werden; es könnte auch ein Spiel der Wahl sein, durch das honoriert wird, wie sehr sich die Klasse an die Arbeitsregeln gehalten hat oder wie intensiv die Arbeitsphase genutzt wurde. Es muss nicht unbedingt in Bezug zum Thema stehen (siehe Kapitel „Unterrichtseinstiege").
- Meditative Angebote zur Sammlung, bevor es in die Pause geht: etwa eine Musik einspielen, die zum Träumen und Malen anregt, oder eine Fantasiereise durch das Stundenprogramm und die erlebte Realität.

Die Ernte einfahren

Nach dem Blick auf Stundenthema und Stundenprogramm Fragen an alle und jeden stellen, etwa:

- Was hast du in dieser Stunde Neues gelernt? Oder: Was war für dich in dieser Stunde das Wichtigste und warum?
- Was hast du alles geschafft?
- Wie zufrieden bist du mit dir selbst? Hier kann eine Daumenprobe Sinn machen, wenn man sich von Zeit zu Zeit Erläuterungen und Begründungen geben lässt.
- Wie gut hat die Kooperation geklappt? Auch hier ist eine Daumenprobe durchaus angebracht und Nachfragen können bei guten wie negativen Bewertungen nicht schaden.
- Wie hilfreich waren für dich mein Info / meine Arbeitsblätter / meine Aufgaben? Auch hier kann eine Daumenprobe Überblick verschaffen. Die Schüler gewöhnen sich rasch daran, dass sie ihre Stellungnahmen gelegentlich auch begründen.

Neben mündlichen Formen ist auch eine schriftliche Reflexion denkbar, gerade für den Beginn solch ungewohnter Schlusssequenzen.

Jeder Schüler kann den Fragebogen „Top oder Flop" ausfüllen. Mit einer solchen Besinnungsphase kann eine Stunde in aller Ruhe abschlossen werden. Ein Austausch darüber könnte von Zeit zu Zeit – etwa monatlich – stattfinden.

Name: .... Datum:		
Fach: .... Thema:		
Top ▲ oder Flop ▼?		
	▲	▼
Stundenphasen		
Mein Lernertrag		
Mein Verhalten		

- Eine andere schriftliche Form könnte darin bestehen, dass die Schüler einen Smiley mit einem entsprechenden Gesichtsausdruck als Kommentar für die Stunde vergeben.
- Ein offener Ausklang, der Spannung und Interesse für die nächste Stunde erzeugt, wie eine offene Frage oder ein Rätsel im Kontext mit der Stunde als eine sinnvolle Hausaufgabe, die den Ertrag und die erbrachten Leistungen mit künftigen vernetzt.
- Eine Vernissage, in der in den letzten Minuten die produzierten Ergebnisse – Bilder, Bücher, Mappen – nur einfach hochgezeigt werden, zur gegenseitigen Betrachtung und Anregung freigegeben, ist die schnelle Version; das Auslegen der Produkte am eigenen Platz mit der Möglichkeit eines schriftlichen kleinen Kommentars von den Mitschülern die andere, etwas aufwändigere Variante.
- Im Sportunterricht oder in Grundschulklassen können besinnlichere Formen wie mit der Feder in die Pause kitzeln, den Abgang Einzelner in eine Erzählung einbetten (etwa bestimmte Sternzeichen, Geburtstagsmonate oder Vorlieben erwähnen), zum angemessenen Pendant einer eher lauten und bewegten Unterrichtszeit werden.

- Die Schlussphase kann auch von Beobachtern des Sportunterrichts oder der kooperativen Arbeitsphasen gestaltet werden: Dann übernehmen sie es, wie vorher verabredet, der Gruppe insgesamt und vielleicht Einzelnen ein konstruktives, vor allem ermutigendes Feedback zu geben.
- Nicht zuletzt sollte ein Ausblick darauf gegeben werden, wie es weitergeht, was die Schüler in der nächsten Stunde erwartet und welche Ziele damit verknüpft werden. Vielleicht sind auch noch Schüler ausfindig zu machen, die die Wiederholungsphase leiten, mit der die kommende Stunde des Fachunterrichts in der Sekundarstufe starten wird.

Lernen lernen

Es gehört mittlerweile zum Standardprogramm guten Unterrichts, ausführlich zu thematisieren, wie sinnvoll und effizient gelernt werden kann. „Lernstrategien", „Lerntechniken" werden heute in jedem aktuellen guten Schulbuch sowie im Unterricht behandelt und trainiert. Die Fülle an Literatur zum Thema „Lernen lernen" ist riesig, insbesondere die Bücher von Heinz Klippert und Wolfgang Endres sind weit verbreitet und bieten vielfältige Anregungen. Sie sollen hier nicht wiedergekäut werden. Im Folgenden haben wir deshalb nur stichwortartig einige praktische, zum Teil weniger bekannte Tipps zusammengestellt, die dazu beitragen können, die „Lernkultur" für die unterschiedlichen Lerntypen im Klassenraum zu verbessern und zu professionalisieren.

Ideen finden …

… im Unterricht, z. B. beim Schreiben von Texten (Sachtexte ebenso wie kreative Texte), beim Entwickeln von Hypothesen oder Strategien zur Recherche, beim Sammeln von Vorschlägen für Aktivitäten (z. B. Klassenreisen) oder zur Konfliktlösung – die Möglichkeiten sind unbegrenzt! Genauso geeignet sind Methoden zur Ideenfindung für die eigene Unterrichtsvorbereitung. Manchmal sind sie „die halbe Miete", den roten Faden für die geplante Unterrichtseinheit zu finden und weiterzuspinnen.

Clustering („Ideensonne")

Die Idee des Clusterns heißt: Alles ungeordnet aufschreiben, was mir zum Thema in den Sinn kommt – ohne (beim Schreiben) darüber nachzudenken, ob es wirklich „passt", ob es „richtig" ist, ob es „funktioniert". Nur, wenn es gelingt, die „Schere im Kopf", den „inneren Zensor" abzuschalten, findet man tatsächlich eine Fülle geeigneter Ideen. Erst hinterher kann man aus dem Vielen etwas aussortieren, durch Analyse und Weiterdenken Ordnungsrubriken finden, die der Weiterarbeit Struktur geben. Wichtig ist die rigide Ein-

haltung folgender „Spielregeln“: In der Mitte eines Blattes Papier (am besten quer) schreibt man den Begriff, zu dem man Ideen finden will, z. B. „London“. Darum herum zeichnet man nacheinander einzelne „Strahlen“, die davon abgehen, und schreibt darauf eine Assoziation zum Ausgangsbegriff, z. B. „Tower“. Jetzt schreibt man fünf Minuten lang Strahlen mit weiteren Assoziationen, und zwar – ganz wichtig! – ohne Pause! Wenn einem nicht sofort (also wirklich ohne Nachdenken!) eine neue Assoziation einfällt, schreibt man den vorangegangenen Begriff so lange immer wieder, bis eine neue Assoziation kommt. Denn nur durch dieses pausenlose Schreiben, ohne nachzudenken, kommt der „Fluss“ der Ideen wirklich in Gang – wird das kreative Potenzial der rechten Hirnhälfte so richtig ausgeschöpft.

Es geht beim Schreiben einer Ideensonne also zunächst darum, möglichst viele Ideen zu produzieren, sich nicht von der „Geht-nicht-Schere“ im Kopf einschränken zu lassen, bevor man überhaupt nachgedacht hat. Im zweiten Schritt, wenn dann die gefundenen Ideen genauer betrachtet werden, allein oder gemeinsam mit anderen, sollte man sich weiter von dieser „Nichts ist unmöglich"-Haltung inspirieren lassen und gefundene Ideen nicht voreilig als „nicht machbar" verbannen.

Mindmaps

Um mit den gefundenen und anschließend beurteilten und möglicherweise geordneten Ideen weiter zu arbeiten, kann eine Mindmap hilfreich sein. Sie dient dazu, ein Oberthema zu gliedern und anschließend die Unterthemen weiter zu gliedern. Über die visuelle Gliederung des Themas entstehen häufig neue, weiterführende, vertiefende Ideen. Hilfreich ist die Arbeit mit digitalen Mindmaps. Neben zahlreichen kommerziellen Angeboten kann auch die kostenlose (OpenSource-) Software „FreeMind" gute Dienste leisten. Attraktiv im Design und einfach im Handling sind auch Online-Varianten, wie mindmeister.com, mind42.com oder xmind.net.

Zusammenarbeiten …

… können Schüler lernen durch Aufgaben, die nur gemeinsam gelöst werden können, zum Beispiel:

- Der Lehrer verteilt in der Gruppe Abschnitte eines Gesamttextes und Aufgaben dazu. Die Lösung kann nur gefunden werden, wenn sich die Schüler untereinander austauschen.
- In der Gruppe soll aus einzelnen Wörtern schweigend ein sinnvoller Satz gebildet werden.
- Darstellendes Spiel – Konfliktlösung durch Rollenspiel

- Akrobatik (Sport), z. B. Pyramide bauen
- Schulgartenbeete anlegen und pflegen (Bio)
- Schulrallye in Form einer Schnitzeljagd
- Schüler- bzw. Klassenzeitung mit den Beiträgen aller herstellen
- „Kopfballaufgabe" („Baut eine Brücke aus Papier, die einen von euch halten kann!")

Sich konzentrieren

Konzentrationsübungen mit allen

- eine Minute Stille aushalten – langsam steigern und damit auch Schweigen lernen bzw. genießen
- Kinderlieder merken
- auswendig lernen (z. B. Gedichte)
- Gedächtnis- und Denkspiele
- Kopfrechenübungen
- Mandala malen
- Stille Arbeit (wortlos, nur schriftliche oder mimische Kommunikationsformen erlaubt)
- sich mit dem Partner nicht unterhalten dürfen, sondern anders mitteilen
- Yoga
- Traumreise in „das Land der Konzentration"
- bei leiser Musik arbeiten lassen
- Erfahrungsbörse Konzentrationstricks: Wie schaffst du das eigentlich, dich so lange zu konzentrieren?
- Übungen in Kunst und Musik – sich auf Farben, Töne, Geräusche konzentrieren
- regelmäßiges Vorlesen; beim Zuhören von Infos, Märchen oder Geschichten z. B. nur zehn Wörter aufschreiben (Austausch)
- Fehler finden lassen: Der Lehrer kündigt an, dass er in seinem Text Fehler untergebracht hat.
- Wie stehe ich auf, setze ich mich hin, ohne die anderen zu stören?
- Wortloses Schreiben in das persönliche 5-Minuten-Heft zu Beginn eines bestimmten Fachunterrichts (z. B. Deutsch) oder im Anschluss an die großen Pausen als eine Art Tagebuch

Übungsangebote für Einzelne oder für zwei

- Puzzle
- eine Runde laufen
- etwas schnitzen
- etwas malen
- kleine Texte auswendig lernen
- eine Knobelaufgabe lösen
- ein Kreuzworträtsel machen
- Geduldsspiele
- Kartenhäuser
- Kugelspiele
- Computerspiele
- Wie lange kannst du schweigen?
- So kann ich mich am besten konzentrieren!
- Schweigend miteinander kommunizieren

Durchhalten

Das kann der Lehrer tun, um seinen Schülern beim Durchhalten zu helfen:

- Aufgaben gliedern, um über erreichbare Teil-Erfolge zur Gesamtlösung zu gelangen
- Dauer der Arbeitsphasen langsam steigern
- Arbeitserfolge würdigen und differenziert und konkret benennen

Und das können Schüler lernen:

- das eigenen Durchhaltevermögen selbst einschätzen und eigene Zielvorstellungen formulieren
- sich das Erreichte, den Zwischenstand, bewusst machen
- „Wenn ich nicht mehr kann, dann …“
- Was habe ich geschafft? (Bilanzieren trainieren)
- erholen und regenerieren
- Bewegungs- und Entspannungspausen

Informationen selbstständig beschaffen

Wo?

- Touristeninformation
- Öffentlicher Nahverkehr
- Verbraucherzentrale
- Mitschüler, Eltern, Lehrer
- Post, Bank
- Reisebüro
- Gemeindeverwaltung
- Schulbücher
- Lexika
- Sachbücher
- Zeitschriften
- Telefonbücher
- Internet

Was? (Interessante Übungsthemen)

- Beruf, Stars, Sport, Mode, andere Länder, Vorbereitung aufs selbstständige Leben (vom Girokonto über Haftpflicht bis Pro Familia)

Wie?

- Im Unterricht vorbereiten, z. B. mit Arbeitsblättern / in Rollenspielen üben
- Was sind meine Fragen?
- Was gibt es?
- Was kostet es (zum Beispiel Telefonauskunft)?
- Wie telefoniert man?
- Wie befrage ich Experten? (zum Beispiel: Beharrlichkeit / Freundlichkeit)
- Wie suche ich richtig? (Bücher / Internet)
- Wie erkenne ich in Texten das Wesentliche?
- Wie halte ich Informationen sinnvoll fest?

Lernstoff strukturieren

Das gute Vorbild des Lehrers

- an der Tafel, auf Arbeitsblättern oder Folien
- Farben zur Differenzierung und unterschiedlichen Bedeutung
- Unterstreichungen
- klare Überschriften
- Zeichen / Symbole benutzen
- Bedeutendes im Kasten besonders hervorheben (Merksatz)
- Lehrer-Info zum Thema: Warum ist es wichtig zu strukturieren? (z. B.: Klarheit gewinnen, Wichtiges von Unwichtigem besser und schneller unterscheiden können, logischer denken und formulieren, den Sachen auf den Grund gehen usw.)

Lesen

- pro Satz das wichtigste Wort gelb markieren
- eine Überschrift für jeden Absatz finden
- in einem Merksatz die wichtigsten Informationen zusammenfassen

Trainingsprogramme für die ganze Klasse

Das Ziel des Trainingsprogramms besteht darin, dass die Schüler Zusammenhänge und Beziehungen / Ursache und Wirkung / Zeitstrukturen durch Kernfragen erkennen:

- Wie und wann geht es los?
- Was passiert?
- Wie endet es?
- Warum passiert etwas?
- Welche Folgen/Wirkungen hat etwas?

Beispiele für sinnvolle Übungen

- Ein Text wird abschnittsweise vorgelesen, jeder notiert das seiner Meinung nach wichtigste Wort (Austausch zu zweit und / oder im Plenum). Dann wird damit eine Zusammenfassung aus einer festgelegten Anzahl von Sätzen geschrieben.
- Rezepte und Handlungsanweisungen oder Spielanleitungen schreiben lassen und mit einem Partner die Richtigkeit überprüfen.

- Detektivgeschichten (z. B. von Wolfgang Ecke) vorlesen, um für die entscheidende Information zu sensibilisieren.
- Knappe Zusammenfassungen für gemeinsam gehörte kurze Geschichten formulieren
- Gliederungen eines Themas aus einem Buch anschauen; Hierarchien finden (Titel / Überschriften / Untertitel); Unterthemen / Kleinstrukturen; Inhaltsverzeichnisse zu einem bestimmten Thema vergleichen, auswerten, um Kriterien für sinnvolle Stoffgliederung zu finden und auszuhängen.
- „Bleiwüste" (eine Seite Text) mit visuellen Hilfen (Ränder / Überschrift / Zwischenüberschrift / Unterstreichungen / fett und kursiv setzen, ggf. mit einer Grafik) lesbarer machen, d. h. eine sinnvolle Struktur geben
- Klassische Komposition (Einleitung – Hauptteil – Schluss) als Hilfe anbieten und aushängen
- Gelegentlich eine Umfrage zu den Arbeitstechniken veranstalten, damit sich die Schüler Klarheit darüber verschaffen, was sie schon gut können, woran sie weiterarbeiten müssen und was sie sich gezielt vornehmen
- Wichtige Strukturierungstipps sammeln und aushängen
- Unbekannte Wörter nachschlagen und für das Klassenwörterbuch festhalten
- Gliederungen zerschneiden und in Gruppen ordnen
- Kapitelüberschriften aus Büchern zu einem bestimmten Thema herausschreiben
- Überschriften zu Absätzen finden
- Clustering und (gegliederte) Mindmaps zu einem Thema (auch als Vorbereitung auf Klassenarbeit!)
- Schüler lesen und hören Informationen und beantworten die Strukturfragen: Wer? Was passiert? Wann? Warum? Wie geht es weiter? Was folgt daraus?

Struktur und Ordnung im Heft

Checkliste Heftführung

Habe ich …

- ❑ oben und unten 2 cm Rand mit dem Lineal gezogen?
- ❑ rechts und links 3 cm Rand mit dem Lineal gezogen?
- ❑ eine richtige Überschrift geschrieben?
- ❑ die Überschrift mit dem Lineal unterstrichen?
- ❑ das Datum an die richtige Stelle geschrieben?
- ❑ nach der Überschrift eine Reihe frei gelassen?
- ❑ bündig geschrieben?
- ❑ die Aufgaben nummeriert?

Sinnentnehmend lesen

- den Sinn des Textes aus der Überschrift entnehmen
- den Text überfliegen
- Schlagwörter unterstreichen (markieren)
- unbekannte Begriffe klären
- absatzweise Stichwörter an den Rand schreiben
- zu zweit über den Text reden

Trainingsmethoden

- rückwärts lesen
- diagonal, quer lesen
- abschnittsweise den Text von hinten lesen

Texte überarbeiten

Inhalt

- Lies den Text noch einmal durch. Versteht ein anderer das, was du geschrieben hast?
- Lass deinen Partner den Text vorlesen.
- Besprich mit deinem Partner den Text.
- Achte auch auf kurze Sätze.

Rechtschreibung

- Achte auf Flüchtigkeitsfehler (z. B. indem du Wort für Wort von hinten liest).
- Unterstreiche alle Wörter, bei denen du unsicher bist.
- Nimm das Wörterbuch zur Hilfe.
- Lass deinen Text von deinem Partner durchlesen.

Vokabeln besser lernen

- Schüler befragen: Wie lernt ihr Vokabeln?
- Eure besten Methoden, Tipps und Tricks.
- Je Stunde wird eine Methode vom Lehrer präsentiert und mit neuen Vokabeln erprobt; die Schüler protokollieren, wie erfolgreich (= Anzahl der gewussten Vokabeln) die jeweilige Methode für sie war.
- Einzelne Schüler präsentieren die für sie erfolgreichste Methode und versuchen, den Erfolg zu begründen.

Beispiele für Methoden

- Vokabelkartei – links: gewusst / rechts: nicht gewusst
- Vokabelkartei – fünf Fächer: gewusstes Vokabel-Kärtchen ein Fach weiter, nicht gewusstes zurück in Fach 1
- Digitale Aufnahmegeräte (z. B. Handys)
- Vokabelheft
- Partner abfragen / Partnerdiktat

Merktechniken

- Wo auf der Seite steht das Wort?
- das zu Merkende vorstellen und aussprechen
- das zu Merkende rhythmisch aussprechen
- Anfangsbuchstaben merken
- die zu merkenden Begriffe in einer Geschichte verknüpfen
- „Klingt so ähnlich wie …“
- zusammen lernen, was zusammengehört
- Zettel an die Pinnwand
- das zu Merkende nur hören

Webtipps:
www.pohlw.de
www.deutsch-ethik-geschichte.de/Seiten/Methodenlernen.htm
www.teachsam.de/arbtec.htm (Arbeitstechniken)
www.ldl.de (Lehren durch Lernen)

Außerschulische Lernorte

© Susanne Petersen

Außerschulisches Lernen ist für alle Fächer und alle Klassenstufen ein hoch interessanter Bereich, geht es doch um Transfer, Welterkundung und Lebensbezug. Außerschulisches Lernen beginnt vor der Schultür, also in der Realität. Es kann sich auf Orte, Räume beziehen, aber auch in Begegnung mit Menschen, Experten und Vertretern von Politik und Institutionen münden.

Damit daraus aber wirklich Lernen wird, damit die nähere Umgebung, die Museen oder naturkundlichen Streifzüge und Expertentreffen Lernprozesse stimulieren, ist es bei Vorbereitung und Auswahl bedeutsam zu wissen, dass es unterschiedlich gestaltete Lernorte gibt, an denen außerschulische Erkundungen und Entdeckungen stattfinden können: von den Pflanzen und Tieren im Park der Nachbarschaft, einer Rallye im Museum bis hin zur Führung durch das Klärwerk. Es gibt also **unstrukturierte** und **vorstrukturierte** Lern- und Erkundungsorte. Für beide ist es wichtig, die Vorkenntnisse, Erfahrungen, Interessen und Fragen der Lerngruppe in Erfahrung zu bringen. Denn auch die verschiedenen Angebote von Institutionen und Experten von

Einrichtungen oder Betrieben benötigen solche Informationen und Absprachen, damit sie sich auf die Lerngruppe gezielt einstellen können. Andernfalls kann auch der Gang in die Kunsthalle oder ins Historische Museum rasch zum Alptraum werden. Und es versteht sich von selbst, dass unstrukturierte, nicht auf museumspädagogische Dienste gestützte Realitätserkundungen noch genauerer didaktisch-methodischer Überlegungen und Mittel bedürfen, um Entdeckungen zu inszenieren.

Außerschulisches Lernen braucht natürlich auch den üblichen Dreischritt: **Vorbereitung, Durchführung und Auswertung**, wozu es unterschiedliche Verfahren und Notwendigkeiten gibt, weil auch unterschiedliche **Methodenkompetenzen** gefragt sind, um die Begegnung mit der Realität lernwirksam werden zu lassen. Die Verwandlung in einen Stadtteilentdecker oder Gewässerforscher passiert nicht automatisch, sondern es gilt, diese mit den geeigneten Methoden und **Instrumenten** in der Schule so vorzubereiten, dass sie sich in der konkreten Situation bewährt: vom Entdeckerbuch, in dem bereits bestimmte Aufgaben stehen, bis hin zu freien Karten und Suchbildern, Aufgaben für die persönliche Nachfrage, die in einem selbst gestalteten und individuell zu füllenden Werk ihren Platz finden. Hier wird bereits deutlich, dass es auch wichtig ist, sich über den **didaktischen Ort einer Erkundung** Gedanken zu machen – am Beginn einer Unterrichtseinheit, um Interesse und Fragen zu wecken, mittig, um bereits Erarbeitetes zu nutzen, auf den Prüfstand zu stellen und neue Fragen zu entwickeln, oder am Ende einer Einheit, um die Ernte einzufahren und die aufgeworfenen Fragen mit den eigenen Recherchen und Ergebnissen in der Realbegegnung abzuklären. Alles ist möglich und im konkreten Fall zu bedenken und zu beraten.

Es ist schon eine Krux. Da beschwört alle Welt die besonderen Chancen, die ein Lernen außerhalb von Klassenraum und Schule für historisches, raumbezogenes, kulturelles, technisches und naturbezogenes Lernen mit sich bringt, und trotzdem findet sich dies nur zu einem geringen Prozentsatz im Schulalltag wieder. Die Ursachen und Möglichkeiten, bestehende Barrieren zu überwinden, interessieren hier erst, nachdem zunächst kurz die überzeugenden Vorteile Thema sind:

Die Chancen

Was es in jeder Stadt, jedem Dorf zu entdecken gibt, dafür öffnen gezielte vor- und nachbereitete Exkursionen die Augen. Ein möglicher Mangel an Abenteuer und Primärerfahrungen, der immer mehr die heutige Kindheit prägt, wird durch regelmäßige außerschulische Aktivitäten mit Klassen nicht nur kurzfristig behoben. Auch langfristig können attraktive Gemeinschaftserlebnisse in der gesellschaftlichen Wirklichkeit eine Haltung von Neugierde und Entdeckungsdrang fördern. Ein Lernen mit allen Sinnen und noch dazu handlungsorientiert ist durch eine kontinuierliche Einbeziehung außerschulischer Lernorte in den Unterricht garantiert. Besuche in Museen, in Naturgebieten oder Arbeitseinrichtungen offerieren den Schülern für das weitere Leben Anregungen für eine interessante, inspirierende Freizeitgestaltung.

Viele Türen öffnen sich den Schülern erst durch den schulischen Hintergrund. Diese gemeinsamen Erfahrungen wirken verstärkend auf die Klassengemeinschaft und machen Mut, dies auch in kleineren Gruppen oder gar alleine fortzusetzen.

Jüngere und ältere Schüler – ähnlich wie Erwachsene – werden zunächst für ihre Umgebung, für die Menschen, die Natur oder die Lebensbedingungen sensibilisiert, bevor sie etwas sehen, entdecken und ein Bewusstsein für bestehende Schönheiten oder Widerwärtigkeiten entwickeln.

Gemeinsame Erkundungen befähigen die Schüler, Selbstvertrauen zu gewinnen, weil sie sich in der Öffentlichkeit sicher bewegen können; dadurch wächst ihre Mobilität und zugleich Souveränität im Umgang mit dem öffentlichen Raum und den zur Verfügung stehenden Verkehrsmitteln.

Wenn außerschulische Probleme des Stadtteils, bestimmter Bevölkerungsgruppen oder einzelner Menschen im Unterricht vertieft und Handlungsstrategien entwickelt werden, erfahren die Schüler vielfältige Methoden und Möglichkeiten, auf eine Veränderung ihres Lebens konstruktiv und gemeinsam mit anderen Einfluss zu nehmen. Sie entwickeln damit Ideen und sammeln Erfahrungen eines produktiven Eingreifens in gesellschaftliche Prozesse. Sie lernen verschiedene Möglichkeiten kennen, aktiv auf ihre Umgebung, auf die Menschen, die Natur sowie die gesellschaftlichen Zustände Einfluss zu nehmen. Insofern tragen solche außerschulischen Aktivitäten auch dazu bei, demokratisches Bewusstsein und Handlungsmöglichkeiten zu erweitern.

Das im geschützten Rahmen einer Klasse Konzipierte wird in der Realität auf die Probe gestellt, überprüft und verändert. Die Bewährungsprobe für das Geleistete findet also nicht durch die Brille der Lehrpersonen im abstrakten künstlichen Raum statt, sondern vielmehr durch die Wirklichkeit selbst. Damit vernetzt sich schulisches Lernen mit dem Alltag, dem wirklichen Leben. Die Schüler durchdringen gesellschaftliche und politische Strukturen am ehesten, wenn sie selbst kontinuierlich theoretische Ergebnisse im realen Leben messen. Interviews mit bestimmten Personen oder eine fotografische Dokumentation lassen die Welt in die Klasse treten und vernetzen viele verschiedene Fächer mit der Gesellschaft. Sie bieten exemplarisch die Gelegenheit, gesellschaftliche Strukturen und Phänomene zu beobachten, auszuwerten, zu durchleuchten und zu analysieren. Damit legen sie das Fundament für eine offene, interessierte und selbstbewusste Haltung der Umwelt gegenüber. Darüber hinaus erwachsen daraus viele Möglichkeiten einer fachspezifischen Rezeption des Gehörten, Gesehenen, Gefilmten oder Aufgeschriebenen. Außerschulische Lernszenarien machen ernst, stellen das in der Schule Gelernte auf den Prüfstand. Dafür werden natürlich auch besondere Methodenkompetenzen benötigt – von der genauen Beobachtung bis hin zum Interview und der Dokumentation; Methoden, die bereits in der Grundschule aufgebaut und kontinuierlich zu nutzen und zu vertiefen sind.

Der Lehrer wird seine Klasse, vor allem aber einzelne Schüler bei diesen Gelegenheiten völlig verändert erleben, neue Seiten an ihnen erkennen, viel mehr als sonst die Chance zu einem persönlichen Gespräch, zu mehr Kontakt haben. Und auch die Schüler haben ihrerseits Zeit und Raum, sich miteinander, vor allem mit Einzelnen zu beschäftigen, einander besser kennenzulernen, privaten Austausch zu pflegen.

Außerschulische Exkursionen verlassen mit der räumlichen Enge der Klassen auch den Zwang zum Stillsein und Stillhalten. Sie bedienen den Bewegungsdrang und gewähren dem Einzelnen mehr Freiheiten. Damit befriedigen sie das gerade bei Grundschülern, aber auch noch in der Orientierungsstufe anzutreffende, große Bedürfnis nach Bewegung und Lautsein.

Diese Vorzüge sind so übermächtig und überzeugend, dabei so unstrittig, dass es wundert, wie selten Lehrkräfte aller Schulformen sich dieses probaten Mittels bedienen und dem Schulgebäude den Rücken kehren. Schulorganisatorische Probleme treten vermehrt erst in der Sekundarstufe II auf und in all jenen Schulen, die sich durch Festschreibungen von Klassenarbeiten selbst ein Korsett anlegen. Vielfach werden die Schwierigkeiten allzu hoch gehängt, dienen fast als Alibi. Dies hängt sicherlich mit verschiedenen Stolpersteinen zusammen, die – mit welcher Altersgruppe auch immer – jede außerschulische Unternehmung beeinträchtigen können. Deshalb werden im Folgenden ein paar typische Probleme aufgezeigt und wie man präventiv bzw. in der Situation selbst oder in der Nachbereitung damit konstruktiv umgehen kann:

- Vorbehalte und Ängste von Seiten der Lehrer, sich mit einer größeren Gruppe in der Öffentlichkeit zu bewegen, bestehen zu Recht. Denn in solchen Situationen scheint jede Gruppe zunächst unkontrollierbar und mithin gefährdeter. Die Lehrkraft spürt die besondere Verantwortung für eine größere Gruppe, die sich vielfach ungeübt, scheinbar regellos in der Öffentlichkeit bewegt, durch Lautstärke auffällt und unüberhörbar wird. Numerisch unterlegen trägt sie schwer an dieser anstrengenden Last, zumal sie es sein wird, die für Fehlverhalten und Unfälle zur Rechenschaft gezogen wird. Deshalb sind folgende Präventivmaßnahmen von hoher Bedeutung:
- Feste Absprachen über die Nutzung öffentlicher Verkehrsmittel oder das angemessene Verhalten in den besuchten Einrichtungen, die widrigenfalls mit verabredeten Konsequenzen abgesichert werden, sind nur die eine, aber unerlässliche Säule, die für die Reglementierung der Individuen in einer festen Gruppe zu bedenken sind. Der andere Aspekt betrifft die kluge Vorbereitung: Denn je mehr die Schüler in die inhaltliche Planung, den organisatorischen Ablauf und die schulische Nachbereitung einbezogen werden, desto größer ist die Chance, dass sie für sich und andere Gruppenmitglieder Verantwortung übernehmen und sachorientiert agieren, um bestimmte vorher verabredete Dinge herauszufinden.

- Und – so widersprüchlich es anmutet: Je seltener eine Lehrkraft außerschulische Lernorte für den Unterricht nutzt, desto disziplinloser wird sich eine Klasse bei solchen Ausnahmesituationen benehmen. Denn für jede Gruppe – unabhängig vom Alter – bleibt es etwas Besonderes, was verunsichert und deshalb zu den unerwartetsten Reaktionen reizt. Dass man darüber hinaus im Schutz einer Gruppe die Selbstverantwortung abzugeben scheint, macht die Situation nicht eben leichter. Häufig benehmen sich die Individuen in einer Gruppe viel undisziplinierter, als wenn sie sich allein in der Öffentlichkeit bewegen: Die Klassen bemerken ihre gestiegene Macht, ihren Freiraum, den sie so oder so nutzen können. Auch leben bei solchen Gelegenheiten verstärkt Aggressionen auf, die im Klassenraum gezügelt wurden. Dieses erwartbare und bekannte Szenario, das wir alle aus Museumsbesuchen oder bei Begegnungen mit Klassen in öffentlichen Verkehrsmitteln kennen, sollte nun aber nicht dazu verleiten, außerschulische Unternehmungen nach dem ersten Scheitern aufzustecken, im Gegenteil. Hier ist nicht weniger mehr, vielmehr erzeugt erst eine häufige und zugleich reflektierte Praxis Handlungssouveränität und Erfolg. Erst ein regelmäßiger Rückgriff auf außerschulische Aktivitäten lässt die Lehrer wie die Schüler in den Genuss der oben skizzierten Vorteile kommen und erzeugt jene von uns angestrebte Souveränität – für jeden Einzelnen sowie für die Gruppe insgesamt.

Mögliche Anlaufstellen und konkrete Entdeckungsaufgaben

In der Grundschule

- **Das Wohnviertel mit seinen Häusern, Straßen und Geschäften, Grünflächen und Parks**
  Mögliche Aufgaben: Finde heraus, wann die Häuser erbaut wurden und welches das älteste Haus in der Straße ist. Zeichne unterschiedliche Fenstertypen vor Ort ab. Befrage Passanten danach, was sie am schönsten / schwierigsten usw. in ihrer Straße finden. Woher hat die Straße ihren Namen? Wann wurde die Kirche erbaut?

- **Die Spielplätze im unmittelbaren Einzugsgebiet**
  Mögliche Aufgaben: Welche Geräte hat dein Lieblingsspielplatz? Wie ist er genau aufgebaut? Welche der verschiedenen Plätze findest du am besten und warum? Was missfällt dir alles und was kannst du selbst dagegen tun? Wie sauber ist er? Zu diesem Zweck können die Schüler gemeinsam wichtige Aspekte sammeln und als Nutzer von Spielplätzen und Experten von Spielgeräten eine Dokumentation anlegen, die auch ihren Traumspielplatz beinhaltet. Eine Spielplatzentmüllaktion selbst durchzuführen, zu dokumentieren und Schreiben an die zuständige Behörde zu verfassen, offenbart sinnvolle Handlungsmöglichkeiten.

Literaturtipps:
Susanne Petersen: Spurensuche im Stadtteil – ein Kinderstadtteilführer entsteht. In: Kerstin Michalik: Geschichtsbezogenes Lernen im Sachunterricht, Verlag Julius Klinkhardt 2004, S. 43–52
Dies.: Die Geschichte des eigenen Stadtteils rekonstruieren. In: Weltwissen Sachunterricht 3/2009, mit Stadtteilentdecker-CD
Dies: Wohnen und Leben. In: Wie alles ineinander greift, Auer 1996

- **Attraktive Ausflugsziele zur Naturerkundung: Wald, Bach, Fluss, See, Tierpark, Zoo, Botanischer Garten**
  Dazu bieten oftmals Biologen oder Umweltpädagogen aus öffentlichen Einrichtungen oder aus dem weiteren Umfeld der Naturschutzverbände viele begleitete Aktivitäten an. Auch Handreichungen oder Naturerfahrungsspiele, wie im Gefolge von Cornell, bieten eine Menge Möglichkeiten, vom Fühlpfad bis zum genauen Hören oder Sehen. Darüber hinaus geht es darum, Gewässerproben zu entnehmen und zu untersuchen, Tierarten zu entdecken, Frühlingsboten zu sammeln. Aber schon der Schulhof bietet diverse Entdeckungs- und Erkundungsmöglichkeiten, um den Blick für scheinbar Alltägliches zu öffenen: angefangen von Krabbeltieren aller Art, über Löwenzahn und Breitwegerich, Büsche und Bäume. Hier schon kann auf unkomplizierte Art das genaue Wahrnehmen, die kontinuierliche Beobachtung und das genaue Zeichnen und Dokumentieren trainiert werden. Und darüber hinaus finden hier auch Sach- und Bestimmungsbücher oder Lexika einen sinnvollen Einsatz.

Literaturtipp:
Joseph Cornell: Mit Kindern die Natur erleben, Verlag an der Ruhr 1999

- **Berühmte Denkmäler, Sehenswürdigkeiten wie Rathaus, Hafen, Fernsehturm, Speicherstadt, Brücken, Kanäle**
  Hier können Rallyes veranstaltet werden, die den jeweiligen örtlichen Gegebenheiten und unterrichtlichen Projekten anzupassen sind. Entdeckungsaufgaben, die mit Abbildungen von Gebäuden arbeiten, laminiert und wiederverarbeitbar sind und zum genauen Hinsehen animieren, bieten sich hier neben qualitativen Aufgabestellungen an, wo bewertet, geschätzt und weiterentwickelt werden soll.
- **Museen aller Art** – vom Stadtgeschichtlichen Museum, dem Museum für Völkerkunde, Kunst und Gewerbe, bis hin zu Kunstmuseen – sind vorzügliche Anlaufstellen, sofern gezielt etwas nachempfunden und vor Ort nachgearbeitet werden kann. Häufig gibt es hier museumspädagogische Angebote, sei es durch Spezialisten oder in Form von Arbeitsblättern mit gezielten Suchaufträgen. Darüber hinaus ist es möglich, für jedes Thema ein eigenes Aufgabenfeld für die Schüler zu bereiten, um sie zum genauen und gezielten Wahrnehmen und Filtern von Beobachtungen und Gesehenem zu animieren.

Literaturtipp:
Susanne Petersen: Mit der Schulklasse im Geologischen Museum – Dinosauriern begegnen. In: Grundschulmagazin 6/1997, S. 11–14

- **Klassenfahrten unter einem bestimmten Motto**
  Hier ist es wichtig, dass die Kinder auf das Motto Einfluss nehmen können, welches sie in besonderem Maße fordern soll und auf das sie vorbereitet werden müssen, damit alle die Chancen vor Ort intensiver nutzen können. Dass dies sogleich eine Gemeinschaftserfahrung der besonderen Art ist, stellen alle gleichermaßen fest. Sich in der Gemeinschaft selbstverantwortlich und zugleich rücksichtsvoll zu bewegen, gemeinsam ein Zimmer zu bewohnen und schwierige Situationen zu bewältigen, fördert den Zusammenhalt ebenso wie die Souveränität des Einzelnen.
- **Theater-, Musik- und Kinovorstellungen**
  Solche Aktivitäten sind in besonderem Maße für Störungen anfällig, weil hier häufig eine große Zahl von Kindern oder Jugendlichen einer Altersstufe zusammentrifft, die in der Aufregung lauter wird. Bei solchen Aktionen sind eine gute Vorbereitung und regelhaftes Verhalten erforder-

lich, um sie zum Erfolg und nicht zur kleinen Katastrophe werden zu lassen.

- **Gesellschaftliche Einrichtungen wie Klärwerke, Sammelstellen, Verkehrsbetriebe, Flughäfen, Hauptbahnhöfe, Altersheime, Kirchen und Moscheen, Krankenhäuser, Arztpraxen, Betriebe im Stadtteil, Bücherhallen oder Bezirksämter.** Die Palette solcher Anlaufstellen ist riesig. Im Kontext mit Sachunterricht und fächerübergreifenden Vorhaben und Projektarbeit wird sich der Blick weiten für all das, was schulisches Lernen mit außerschulischen, gesellschaftlichen Einrichtungen fundiert, klärt, bereichert und Realität werden lässt. Hier können sich kleinere Teams nach Interessen bilden und die unterschiedlichen Orte und Menschen vorstellen, nachdem sie sich selbst Fragen überlegt, mit Kamera und Aufnahmegerät die Realbegegnung festgehalten, dokumentiert und in der Klasse oder bei einem gemeinsamen Rundgang vor Ort vorgestellt haben, um sich dann den Nachfragen der anderen stellen.

In den Sekundarstufen I und II

Neben den genannten Anlaufzielen sind vor allem die öffentlichen Ziele für die Sekundarstufenschüler besonders bedeutsam, die sie in immer größerer Selbstständigkeit erobern können:

- So können selbstständige Kleingruppenaktivitäten verstärkt an die Stelle von Klassenexkursionen treten, etwa, indem sich solche Gruppen zu bestimmten Themen Fragen überlegen, Interviewpartner suchen, Beobachtungen dokumentieren und statistisch auswerten – mag es sich nun um Umfragen unter einer bestimmten Bevölkerungsgruppe handeln oder um Interviews und Besuche bei Beratungsstellen.
- Der Flugplatz oder Hafen kann ein wichtiger Ort sein, seine Fremdsprachenkenntnisse unter Beweis zu stellen. Beobachtungen in der Öffentlichkeit können Anlass für kreatives Schreiben sein. Statistische Auswertung von Verkehrsmittelnutzung oder zu Verkehrsdichte, Luftbelastung messen, Biotope anlegen und pflegen … Relativ leicht zu realisierende Ideen purzeln nur so, wenn man es zur Selbstverständlichkeit erklärt, jedes Unterrichtsvorhaben mit mindestens einer außerschulischen Aktivität zu verknüpfen.
- Betriebspraktika bieten dieser Altersstufe wichtige Gelegenheiten zu einer Art Begegnung mit der Zukunft. Auch verändert sich in der Folge oft

die Haltung gegenüber den schulischen Lernaufgaben, weil sich mehr Ernsthaftigkeit einstellt.
- Die Produktion von Videos, die Herstellung von Publikationen mit Außenwirkung und die Teilnahme an Wettbewerben sind Besonderheiten und reale Möglichkeiten und Chancen für diese Altersstufe.
- Exkursionen, die in die Hauptstadt führen oder sogar über die Landesgrenze hinaus, Klassenfahrten und Tutandenreisen eröffnen neue Bereiche, in denen Sprachkompetenz gefordert ist.
- Projektwochen, die im Jahreszyklus vieler Schulen verankert sind, ermöglichen vielen Schülern Mitsprache bei den Themen. Vielfach bildet die direkte und kontinuierliche Einbeziehung des außerschulischen Bereichs ein absolutes Muss.

Der Weg aus der Klasse oder der Schule ist aber nur die eine Variante, außerschulisches Lernen zu ermöglichen. Wenn die Klassen sich im Kontext von verschiedenen Themen darum bemühen, Experten, Zeitzeugen oder Betroffene in den Unterricht zu holen, sich auf solch eine Begegnung durch Fragen vorbereiten, das Gespräch moderieren und auswerten, daraus eventuell neue Initiativen nach draußen entwickeln, findet auch auf diese Weise eine enge Verzahnung mit der gesellschaftlichen Wirklichkeit statt.

Praktische Tipps

- **Regeln für Hin- und Rückweg vorher festlegen und zu Beginn auch Begleitpersonen engagieren**
  So ist vorher klar, wer vorne geht, wann aufeinander gewartet wird und wie Kreuzungen überquert werden. In Grundschulklassen kann bei solch schwierigen Passagen ein 5-m-Springseil als gemeinsamer Halt von großem Nutzen sein.
- **Regeln für das Verhalten in öffentlichen Verkehrsmitteln absprechen**
  Dabei gilt: sich unauffällig, ruhig und verantwortungsbewusst verhalten – für sich wie für die Gruppe. Verantwortung hier an verschiedene Gruppenleiter zu übertragen hilft, die Schüler in der Nutzung von Bahn oder Bus zu qualifizieren.

- **Jeder Ausflug, jede Exkursion setzt angemessene Ausrüstung voraus.**
  Gerade bei längeren Wanderungen ist die angemessene Kleidung bedeutsam. Dies gilt auch für ausreichendes und stärkendes Essen. Der Rucksack wird im Grundschulalter mit Buch, Federtasche, Regenzeug und Stadtplan, eventuell Fotoapparat und Fernglas angemessen gefüllt. Auch die Reglements hinsichtlich des Essens sind mit den Kindern zu vereinbaren.
- **Museumsbesuche bedürfen einer besonderen Einführung.**
  Ein ruhiges Umhergehen und genaues Betrachten bestimmter Exponate erreicht man am ehesten, wenn die Schüler mit Aufträgen versorgt werden, die sie in einem vorbereiteten Heft oder Fragebogen zu dokumentieren haben, sei es, dass sie Antworten notieren oder bestimmte Gegenstände abzeichnen.

Literaturtipps:

Ute Andresen: Ausflüge in die Wirklichkeit: Grundschulkinder lernen im Dreifachen Dialog, Beltz 2000

Karlheinz Burk, Marcus Rauterberg, Gudrun Schönknecht (Hg.): Schule außerhalb der Schule: Lehren und Lernen an außerschulischen Orten, Grundschulverband 2008

Karlheinz Burk, Claus Claussen (Hg.): Lernorte außerhalb des Klassenzimmers I. Didaktische Grundlegung und Beispiele. Grundschulverband 1998, 6. Aufl.

Dies.: Lernorte außerhalb des Klassenzimmers II. Methoden – Praxisberichte – Hintergründe. Frankfurt am Main, 1981

Ursula Drews, Anja Durdel: Die Schule öffnen. In: Handbuch elementare Schulpädagogik, Beltz 1997

Bernd Dühlmeier: Außerschulische Lernorte in der Grundschule, Schneider Verlag Hohengehren 2008

B. Feige: Lernorte außerhalb der Schule. In: Pädagogik 4/01, S. 4–44

Wilhelm Killermann, Peter Hiering, Bernhard Starosta: Biologieunterricht heute. Eine moderne Fachdidaktik, Auer 2005

B. Kohler: Lerngänge. In: **Dietmar von Reeken** (Hg.): Handbuch Methoden im Sachunterricht, Schneider Verlag Hohengehren 2007, 2. Aufl., S. 167–175

H. Laux: Lernen durch Erkunden. In: **Marlies Hempel** (Hg.): Lernwege der Kinder: Subjektorientiertes Lernen und Lehren in der Grundschule, Schneider Verlag Hohengehren 1999, S. 132–145

J. Münch: Lernorte und Lernortkombinationen im internationalen Vergleich. Innovationen, Modelle und Realisationen in der Europäischen Gemeinschaft, Berlin 1985

Petra Sauerborn, Thomas Brühne: Didaktik des außerschulischen Lernens, Schneider Verlag Hohengehren 2009

H. Schmitt: Verlasst die Übungsräume. In: Pädagogische Welt 2/88, S. 55–59

C. Salzmann: Regionales Lernen an Lernstandorten. In: Grundschule, 21 (2007), H. 3. Westermann, S. 36–38

Thomas Unruh u. a.: Englisch Projekte Klasse 7; Klett 1998

Webtipp:

www.sachunterricht-petersen.de/Seiten/lernorte.htm

Allgemeinbildung

Wozu Allgemeinbildung heute?

Was hat denn das Thema „Allgemeinbildung“ mit gutem Unterricht zu tun? In einer Zeit, in der jedermann über individualisierten, kompetenzorientierten Unterricht spricht, sollen Bildungsinhalte noch wichtig sein?

Schließlich hat es sich doch herumgesprochen: Angesichts des immensen Umfangs an Wissen, das obendrein täglich wächst, kann jeder Mensch nur einen winzigen Bruchteil wissen – und selbst der kann morgen schon wieder überholt sein. Allgemeinbildung wird in der aktuellen bildungspolitischen Diskussion als ein Thema von gestern betrachtet. Allgemeinbildung sei etwas für Menschen, die es nötig haben, sich durch ihr Faktenwissen von der Masse der „Ungebildeten“ abzusetzen. Es sei wichtiger und eigentlich nur wichtig zu wissen, wie man sich relevante Informationen beschafft, als sie permanent präsent zu haben, um damit zu „glänzen“.

Wir meinen, dass gerade in einer Zeit, in der Unterricht stärker individualisiert wird und in der es zunehmend wichtiger ist, Kompetenzen zu erwerben, statt Faktenhuberei zu betreiben, es ebenso wichtig ist, ein Grundwissen über die Welt zu haben, das dabei hilft, besser in dieser Welt zurechtzukommen: Um Informationen aus Zeitungen, Büchern, Fernsehsendungen und nicht zuletzt dem Internet überhaupt verstehen und einordnen zu können, um in Gesprächen mitreden zu können, ohne nur fragen zu müssen. Es ist unrealistisch, sich alle zum Verstehen der Welt und zum Mitdenken und Mitreden-Können erforderlichen Informationen erst beschaffen zu müssen. Und nicht zu vergessen: Allgemeinbildung macht auch Spaß, wie man beispielsweise am Erfolg von Quizshows sehen kann! Die Freude an Allgemeinbildungsthemen ist auch ein Ausdruck der Freude am Lernen, daran Fragen zu stellen und Fragen zu beantworten.

Deshalb ist das Thema Allgemeinbildung gerade heute so wichtig: Es braucht Lehrer, die über eine gute Allgemeinbildung verfügen und die Spaß daran haben, ihre Schüler dafür zu begeistern. Und: Es gibt wenige Themen in der

Schule, für die sich Schüler so vergleichsweise leicht begeistern lassen, zum Beispiel durch gute gemachte „Fragen des Tages" zum Unterrichtseinstieg (siehe dort!).

Was ist das – Allgemeinbildung?

Meinert Meyer und Hilbert Meyer (Wolfgang Klafki: Eine Didaktik für das 21. Jahrhundert?) haben Inhalt und Funktion von Allgemeinbildung heute auf den Punkt gebracht: „Allgemeinbildung bezeichnet die Fähigkeit eines Menschen, in der Auseinandersetzung mit der Welt auf der Basis von Sachkompetenz selbstbestimmt, kritisch und solidarisch zu denken, zu handeln und sich weiterzuentwickeln."
Hinsichtlich der angesprochenen Sachkompetenz könnte der Unterrichtsstoff der Grundschule (bis Klasse 4), einen pragmatischen Minimalkonsens darstellen, ein kleinster gemeinsamer Nenner könnte durch die stofflichen Grundlagen des Unterrichts in der Hauptschule bis Klasse 9 konkretisiert werden.

Allgemeinbildung kann pragmatisch verstanden werden als Grundlagenwissen zum „Überleben" in der modernen Gesellschaft: um die Informationsflut der „Informationsgesellschaft" verstehen und einordnen zu können, um selbst Stellung nehmen zu können, um sich als homo politicus, beispielsweise als Wähler oder als Verbraucher nicht übers Ohr hauen zu lassen.

Es kann keinen Katalog von notwendigem Allgemeinwissen geben, die Konkretisierung von Allgemeinbildung ist immer auch subjektiv. Die Bedeutung der Allgemeinbildung besteht darin, an exemplarischen Inhalten Interesse für Themen und damit die eigene Persönlichkeit zu entwickeln. Diese „umfassend gebildete Persönlichkeit" im klassischen Sinn von Rousseau und Pestalozzi gewinnt gerade im postindustriellen Zeitalter eine wachsende Bedeutung als Kontrapunkt zu langweiligen „Fachidioten" und „Schmalspurdenkern" im Sinn einer zukunftsorientierten Unternehmensphilosophie.

Wie ist es um die Allgemeinbildung heutiger Schüler bestellt?

Zwischen dem Anspruch, die allgemeinbildenden Schulen sollten grundlegende Bildungsinhalte verbreitern und verankern, und der Realität klafft eine riesige Lücke. Die Schüler aller Schulformen sind Weltmeister darin, Stoff für Tests, Klausuren und Prüfungen zu pauken und dafür häufig auch zu beherrschen. Je abstrakter, formaler und eindeutiger der Stoff, desto besser. Eine Nachfrage nur wenige Wochen später (nach der „Verankerung" des Wissens) ruft dagegen sehr häufig bereits Achselzucken hervor. Noch schlechter sind die Ergebnisse, wenn es um die Anwendung oder den Transfer von Wissen geht oder von Kenntnissen, die sich nicht in eine abfragbare, eindeutig richtige Form bringen lassen.

Mögliche Gründe für geringe Allgemeinbildung

Über Veränderungen der Kindheit und des Jugendalters gibt es viel Wehklagen und wenige „hard facts". Nach der Einschätzung vieler Lehrer sind Jugendliche heute insgesamt weniger leistungsfähig, individualistischer und weniger motiviert als früher. Sie zeichneten sich aus durch einen oft an Hedonismus grenzenden egozentrischen Individualismus und ein geringes Interessenspektrum. Darüber hinaus seien sie häufig aggressiver als früher. Die Ursachen dafür wurden – zumindest bis PISA – in der Regel in außerschulischen Faktoren gesucht: schlechte Berufsaussichten, Aufwachsen in Ein-Kind-Familien, berufstätige, häufig alleinerziehende Eltern.

Von dieser Einschätzung hebt sich die aktuelle „Shell-Studie" des deutschen Jugendinstituts ab. Diese in regelmäßigen Abständen aktualisierten Untersuchungen zeichnen ein differenzierteres und insgesamt positiveres Bild der heutigen Jugendlichen, als in vielen Lehrerzimmern zu hören ist.

Webtipp:
Nachzulesen unter: www.shell.de/jugendstudie

Welche schulischen Gründe aber gibt es für die dargestellte geringe Allgemeinbildung der heutigen Jugend? Schließlich ist die Schule die ihrem eigenen Anspruch nach zuständige Institution zur Vermittlung von Bildung. In ihr arbeiten Experten, die für die professionelle Vermittlung von Bildung zuständig sind – zumindest sollte es so sein.

Über die schulischen Hintergründe gibt es jedoch nur Vermutungen und Spekulationen. Je nach (bildungs-)politischem Background sehen die einen die Misere in einer Tendenz zur „Sozialpädagogisierung" der Schule, in der zu viel diskutiert, zu viel gespielt, sich zu wenig angestrengt, zu wenig gelernt werde. Die anderen, wie etwa die Autoren der Denkschrift „Zukunft der Bildung – Schule der Zukunft", sehen die Ursache eher in der Zersplitterung in Fächer und der Fokussierung auf abfragbares Wissen und fordern deshalb die Entwicklung einer neuen Lernkultur in einem Haus des Lernens.

In der ersten PISA-Studie wird vor allem eine unterrichtsdidaktische Frage für das schlechte Abschneiden der deutschen Schüler verantwortlich gemacht: Der Unterricht in Deutschland sei zu sehr lösungs- und zu wenig problemorientiert. Es werde zu sehr das eher schematische „richtige" Lösen von Aufgaben trainiert. Erfolgreicher sei ein Unterricht, in dessen Mittelpunkt eher das selbstständige Entdecken möglicher Lösungswege komplexer Aufgabenstellungen stünde.

In allen drei Konzepten kommt jedoch ein Gedanke zu kurz: die Frage der für die Schüler nachvollziehbaren Relevanz der Lerninhalte. Die Erfahrung, dass Lernen mit spannenden, überraschenden Fragen und Erkenntnissen, mit Aha-Erlebnissen verbunden sein kann. Diese Frage steht kaum jemals auf der Tagesordnung des Unterrichts. Gelernt wird etwas, weil es „dran" ist. „Dran" sind meistens Inhalte, deren Relevanz eher nicht plausibel ist, es sei denn, die Beherrschung oder Kenntnis bringt „Punkte", und die „Punkte" bringen die Zugangsberechtigung für „höhere" Ausbildungsformen und „bessere" Berufe. Das heißt: Die Relevanz des Lernstoffs besteht vor allem in dessen „Punkte-Verwertbarkeit".

Was sollte, was kann getan werden zur Verbesserung der Allgemeinbildung?

Um „die Auseinandersetzung mit der Welt auf der Basis von Sachkompetenz“ zu fördern, gibt es deshalb auch unter den Rahmenbedingungen veränderter Jugend keinen besseren Weg, als Kindern und Jugendlichen die Relevanz von Themen und Lerninhalten plausibel zu vermitteln. Vier Grundfragen können dabei helfen, die Relevanzfrage zu entscheiden. Um sie positiv zu entscheiden, reicht es in der Regel bereits aus, nur eine der vier Fragen plausibel zu beantworten!

Was hat der „Bildungsinhalt“ mit dem Leben der Jugendlichen zu tun?
Zum Beispiel lässt sich die Behandlung des „Werther“ im Unterricht Jugendlichen plausibler begründen als die Behandlung des „Götz“.

Was wissen die Jugendlichen über den Bildungsinhalt? Was wollen sie darüber wissen?
Es ist nachhaltig erfolgreicher, die Schüler vor der Behandlung eines Unterrichtsthemas nach ihrem Vorwissen zu fragen, weil Kinder und Jugendliche davon gerade bei Sachthemen manchmal erstaunlich viel mitbringen. Selten werden Schüler gefragt, was sie zu einem Thema lernen wollen, von der falschen Annahme ausgehend, dass die Schüler in der Regel eben nicht lernen wollen. Auf diese Weise hat die Schule eine sich selbst erfüllende Prophezeiung produziert, die allerdings zum Glück auch umgekehrt funktioniert!

Wofür braucht man das im täglichen Leben?
Eine fast schon ketzerisch anmutende Frage! Aber wie oft in seinem zukünftigen Berufsleben braucht beispielsweise ein Realschüler selbst so etwas „Gängiges“ wie die aktive Beherrschung des Passivs im Englischen?!

Ist der Lehrer von der Sache, die er unterrichtet, wirklich überzeugt, vielleicht sogar fasziniert, sodass das eigene *Feuer* andere *entzünden* kann?

Wer diese Frage für sich und den fraglichen „Bildungsinhalt" positiv beantwortet, kann natürlich auch den „Götz" nachhaltig erfolgreich unterrichten und viele andere Themen, die weder direkt mit dem Leben der Jugendlichen zu tun, noch eine praktische Relevanz für ihr tägliches Leben haben!

Unterricht weiterentwickeln durch gemeinsame, Kriterien gestützte Beobachtung & Reflexion

Diesem Band liegt eine Video-DVD mit Aufzeichnungen von Unterrichtssequenzen bei, mit denen Unterrichtsbeobachtung und kollegiale Beratung trainiert oder vorbereitet werden können. Wie das ertragreich zu gestalten ist, welche Schrittabfolge sinnvoll und konstruktiv ist, dazu finden sich im Folgenden Hinweise und Beispiele, die auf die beiliegenden Videos Bezug nehmen. Denn Unterrichtsentwicklung, will sie gelingen, braucht Austausch, Qualitätsmerkmale und Kontinuität. Ausgesprochen hilfreich sind in diesem Kontext kollegiale Unterrichtsbesuche, weil sie persönliche Wahrnehmungen ergänzen, relativieren oder gar korrigieren und mithin einen pädagogisch konstruktiven Dialog mit einem Team, einer Jahrgangs- oder Fachstufe oder einem ganzen Kollegium ermöglichen.

Negative Erfahrungen mit Hospitationen in hierarchisch-geprägten Situationen wie in Ausbildungs- oder Bewertungszusammenhängen haben bedauerlicherweise dazu beigetragen, die Klassentüren eher zu verschließen denn zu öffnen. Oftmals fehlt es – neben anderen organisatorischen Mög-

lichkeiten – vor allem an geeigneten, aufeinander abgestimmten Kriterien, die Beobachtung und Analyse produktiv werden lassen. In der Lehrerausbildung hingegen sind Kleingruppenhospitationen von Referendaren zunehmend verbreitet. Diese werden zum Teil von Seminarleitern begleitet, zum Teil organisieren die Referendarsgruppen die Kleingruppenhospitationen und die Besprechung der Stunden selbst. Dieser Aspekt der Ausbildung wird von Referendaren in besonderer Weise wertgeschätzt. Daher findet sich hier ein Vorschlag zu einem einfach umzusetzenden Verfahren, mit dem anhand der beiliegenden Unterrichtsvideos die eigene Beobachtungskompetenz geprüft und erweitert werden kann, um kollegiale Hospitationen und Unterrichtsbesuche vorzubereiten und daraus eine Bereicherung des Berufsalltags zu machen.

Unterrichtsbeobachtung – ein schwieriges Terrain

Denn schon nach wenigen Sekunden formen sich Eindrücke, Bilder, Präferenzen, die die Wahrnehmung stark beeinflussen und subjektiv werden lassen. Wenn es mir zusagt, schwungvoll eine Stundeneröffnung zu gestalten, finde ich diese Version auch bei anderen eher positiv. Wenn ich mich umgekehrt damit schwertue, Gruppenprozesse in die Verantwortung der Schüler zu delegieren, neige ich auch eher dazu, die Effekte derartiger Methoden zu problematisieren. Diese „Beobachtungsfallen" sind vielfältig. Etwa der sogenannte *Halo-Effekt*, wo der positive äußere Schein eines Aspekts alles andere überscheint, zum Beispiel ein Lehrer, der eine blendende Atmosphäre zu Beginn der Stunde herstellt. Es gibt noch viele andere Beobachtungsfallen, die empirisch nachgewiesen wurden:

- der Ersteindruckeffekt, der in wenigen Sekunden unser Bild von einer anderen Persönlichkeit prägt;
- der Fehler- bzw. Milde-Effekt, bei dem entweder als Fehler wahrgenommene Entscheidungen die Aufmerksamkeit des Beobachters so binden, dass anderes nicht mehr angemessen registriert wird, oder bei dem Erfolge fragwürdige Handlungsweisen eher in den Hintergrund marginalisieren;
- positive und negative Erwartungshaltungen orientieren die Beobachter in

Richtung auf das jeweils Erwartete, was wiederum die Wahrnehmung gegenteiliger Phänomene beeinträchtigt.

Dies alles sind normale Phänomene, die im Prinzip nicht negativ oder positiv, wohl aber unprofessionell sind, wenn sie weiter unbewusst ablaufen dürfen und damit subjektiven Präferenzen Tür und Tor öffnen. Subjektiv unterschiedliche Wahrnehmungen sind in einer solch komplexen Situation, wie sie ein Unterricht mit seinen vielen Beteiligten nun einmal darstellt, gar nicht auszuschließen. Schließlich sehen wir uns konfrontiert mit den unterschiedlich agierenden Schülerinnen und Schülern, die jeder für sich, aber auch im Miteinander oder in Reaktion auf die Lehreraktivität und die sachlichen Lernarrangements sich so variabel und individuell unterschiedlich verhalten, dass es uns sowohl beim Unterrichten wie auch beim Beobachten immer unmöglich sein wird, alle Phänomene wahrzunehmen. Neben dieser Bescheidenheit in Bezug auf das überhaupt Beobachtbare geht es um die Selbstdisziplinierung: den Blick zu schärfen durch Konzentration auf einen oder wenige Beobachtungsaspekte, die dem Beobachter ganz bewusst eine besondere Brille aufsetzen.
Damit wären wir beim 1. Schritt, der Auswahl und Verständigung über einen Beobachtungsaspekt:

1. Schritt: Was genau soll beobachtet werden? Wie finden wir für uns bedeutsame Beobachtungsaspekte?

Bei den Videos auf der beigefügten DVD lassen sich ganz unterschiedliche Aspekte auswählen, die ertragreich beobachtet werden können:

- Lerngegenstand – der sachliche Kern der Stunde – worum geht es genau, was ist daran relevant? Wie wird es zum Thema der Schüler? Welche Aufgaben erhalten sie dazu und welche sachlichen Ergebnisse erzielen sie?
- Lerngruppe – frontale, gelenkte Phase, aber auch Auswertungsphase sowie kommunikative Situationen können hier in den Fokus kommen
- Der einzelne Schüler – eine Stunde aus der Schülerperspektive zu betrachten und nachzuvollziehen, welche Spielräume für jeden einzelnen in welchen Phasen bestanden haben und wie sie individuell unterschiedlich und erfolgreich ausgekostet wurden

- Kooperatives Lernen – wann erhalten die Schüler Gelegenheit zu kooperieren? Wie praktizieren sie dies? Welche Verantwortung übernehmen sie anderen Schülern gegenüber?
- Methodenkompetenzen – welche Kompetenzen zeigen die Schüler beispielsweise bei der Selbstorganisation von Arbeitsprozessen – alleine oder in kleinen Gruppen oder in Sachen Reflexionskompetenz?

Qualitätsmerkmale von Unterricht, wie sie von Hilbert Meyer, vor allem aber von Andreas Helmke auf der Basis empirischer Untersuchungen ermittelt wurden, könnten auch in diesen Fällen mit Gewinn genutzt werden:

Helmkes 10 Qualitätsmerkmale

1. Was genau verstehe ich, verstehen wir darunter?

1. effiziente Klassenführung	6. Schülerorientierung und Unterstützung
2. Lernförderndes Unterrichtsklima	7. Förderung aktiven, selbstständigen Lernens und Arbeitens
3. Vielfältige Motivierung	8. angemessene Variation von Methoden & Sozialformen
4. Klarheit und Verständlichkeit	9. Sicherung und intelligentes Üben
5. Wirkungs- & Kompetenzorientierung	10. Individualisierung & Differenzierung

Deutlich merkt man diesen Qualitätsmerkmalen an, dass sie der Klärung bedürfen. Einiges findet sich dazu bei Andreas Helmke: „Unterrichtsqualität. Erfassen, Bewerten, Verbessern", 2007. Es macht Sinn, sich unter den Beobachtern im Vorwege auszutauschen: Was verstehe ich eigentlich darunter, was du? Worauf verständigen wir uns? Dies befördert den pädagogischen Diskurs und präzisiert im Vorwege Gütemerkmale für gelungene Situationen und Erfolge. Die Verständigung und Verabredung von Gütemerkmalen und Indikatoren ist nicht nur unter Lehrern ertragreich, sondern kann auch für die gemeinsame Arbeit mit Lerngruppen eingesetzt werden, etwa beim Methodentraining zur Präsentation oder beim kooperativen Lernen.

2. Woran können wir erkennen, dass es gelingt?

Man kann noch differenzierter über das ausgewählte Qualitätsmerkmal nachdenken, indem man mit dem T-Diagramm arbeitet, das im kooperativen Lernen so bedeutsam ist, wie Green und Weidner gezeigt haben. Die Aufforderung, genau festzuhalten, **was ich sehe und höre**, wenn sich das Qualitätsmerkmal erfolgreich realisiert, konkretisiert meine Erwartungshaltung

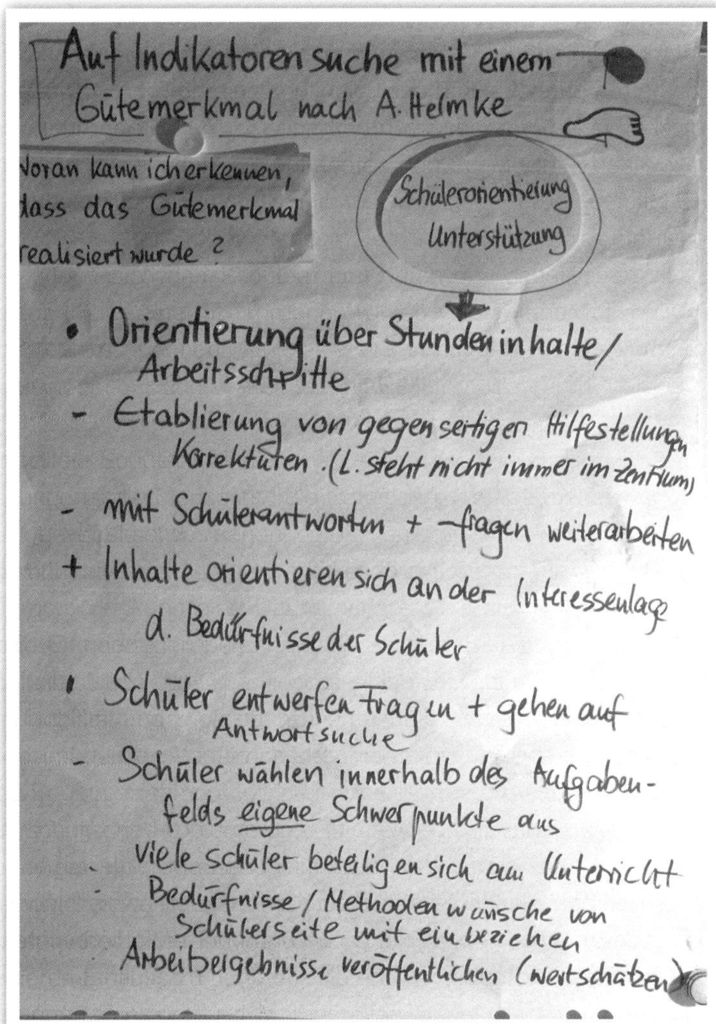

bezüglich der Sache, der Lerngruppe, des einzelnen Schülers, aber auch der Aktivitäten des Lehrers um ein Vielfaches. Indem ich diese Sammlung auf der Basis persönlicher Kenntnisse und Erfahrungen mit meinem Kollegen abgleiche, vertiefen wir unser gegenseitiges Verständnis von einer Kategorie und sensibilisieren uns damit zugleich, wie eine erfolgreiche Umsetzung aussehen könnte. Hier beispielhaft am Qualitätsmerkmal **Förderung aktiven, selbstständigen Lernens und Arbeitens** illustriert:

Ich sehe Schüler, die	Ich höre Schüler, die
• sich an die Arbeit machen • die Hilfsmittel nutzen • sich konzentrieren • sich an Experten wenden, das Helfersystem nutzen • Lernzeit auskosten • ihre Arbeit selbst überprüfen und verbessern • sich in eine Warteliste eintragen, um zusätzliche Informationen zu erhalten, • sich in Themengruppen zusammensetzen, • den Lernraum sinnvoll nutzen, • im Internet, Lexikon mit geeigneter Fragestellung recherchieren, • ihre Ergebnisse festhalten, dokumentieren und eine Präsentation vorbereiten.	• sich leise austauschen • ihre 20 cm-Stimme einsetzen, flüstern, um die anderen nicht zu stören • sich gegenseitig befragen • Resonanzen von Bestätigung, „der Freude von sich geben" („Siehst du", „Habe ich doch gesagt", „Stimmt".) • sich gegenseitig helfen, • sich Rat geben, • etwas erklären, • sich unterstützen • sich leise bei der Recherche abstimmen und die Arbeit aufteilen • leise die Vorstellung der Ergebnisse vorbereiten und erproben

2. Schritt: Die Beobachtung vor Ort oder von Unterrichtsvideos

Die Dokumentation kann auf vielfältige Weise organisiert werden: Neben der Mitschrift können auch Video- oder Audioaufzeichnungen hilfreich sein. Diese unterschiedlichen Dokumentationsansätze von Unterricht bergen jeder für sich unterschiedliche Chancen und Probleme in sich. Videoaufzeichnungen beispielsweise geben immer bereits einen bestimmten Fokus, nämlich den des Aufnehmenden wieder. Häufig ist es schwierig, Schüleraktivitäten darüber zu dokumentieren, weil die Kamera den Aktivitäten des Lehrenden folgt. Aber die beiliegenden Videobeispiele geben auch Anregungen, dieses Medium anders zu nutzen und Schülerinterviews systematisch einzubeziehen. In der traditionell schriftlichen Form der Beobachtung dokumentiert der Beobachter alle wahrgenommenen Phänomene auf so genaue, konkrete Art wie möglich – es können Visualisierungen sein, Strichlisten, aber auch möglichst wörtliche Zitate. Wie die Schülerarbeitsplätze angeordnet sind, wer

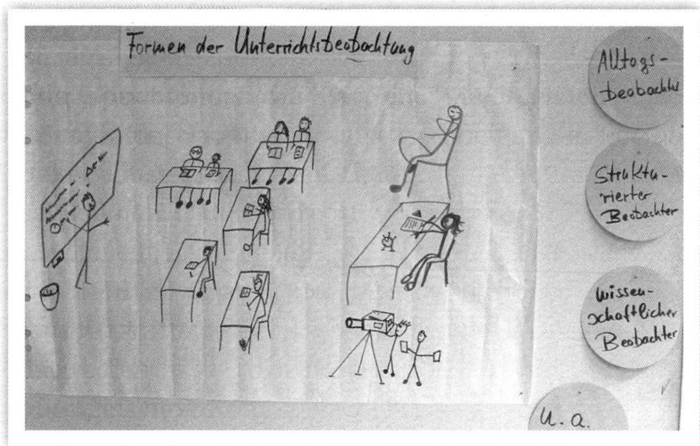

© Susanne Petersen

sich wo hin bewegt, auch dies könnte in einer Grafik dokumentiert werden. Angesichts so komplexer Beobachtungsherausforderungen macht es Sinn, sich nur auf ganz wenige Aspekte zu konzentrieren und sich wirklich ganz auf das distanzierte Beobachten des Geschehens zu fokussieren, dadurch auch als Fremdkörper für die Schüler fast in Vergessenheit zu geraten:

Anregungen für die Dokumentation:

- Wie viele Schüler melden sich, werden drangenommen?
- Was genau äußern sie und wie reagiert die Lehrkraft?
- Wie bewegt sich die Lehrkraft bei der Begleitung selbstständiger Arbeitsprozesse?
- Wie oft ist sie gefragt? Wer kommt zu wem?
- Gibt es eine Warteliste für Schülerberatungsbedürfnisse?
- Welche Ergebnisse erzielen die Schüler im Beobachtungszeitraum und wie werden sie rezipiert?

Die Unterrichtsbeobachtung ist dann erfolgreich, wenn sich der Beobachtende völlig auf seinen Aspekt konzentriert und so detailliert wie möglich seine vielleicht nach Kriterien geordneten Beobachtungen festhält oder den Phasen- und Zeitabläufen der Stunde folgt. Folgendes einfache Schema hilft bei dieser Aufgabe:

Ein Instrument für die Mitschrift

Unterricht gezielt beobachten Datum: . . . . Kollege: . . . . Klasse: . . . . Anzahl der Kinder: . . . . Thema der Stunde:		
Sitzordnung *(kleines Bild zeichnen)*		
Verabredetet Beobachtungsaspekte: Mögliche Indikatoren: *Woran kann ich erkennen, dass X gelingt?*		
Zeit	**Konkrete Beobachtungen:** *wortwörtlich, quantifiziert, so genau wie möglich festhalten, Lehrer und Schüler unterscheiden: Was habe ich gesehen / gehört?*	Meine Fragen:

Für die Dokumentation von Lernergebnissen innerhalb des Unterrichts macht es Sinn, den Schülern die Gelegenheit zu geben, Resultate zu zeigen, mit Feedback zu arbeiten und die Schüler zur Reflexion anzuregen. Darüber hinaus ist es sinnvoll, die eigenen Eindrücke mit Fotos oder Videos zu dokumentieren, etwa Tafelbilder oder Schülerarbeitsergebnisse.

3. Schritt: Sachbezogene Analyse der kriteriengeleiteten Unterrichtsbeobachtungen

Die große Kunst, Unterrichtsbeobachtungen produktiv zur Weiterentwicklung von Unterrichtsqualität zu nutzen, besteht zweifellos darin, konstruktive Rückmeldeformate, produktive Feedbackarrangements im Vorwege zu verabreden, um so einen Flop zu vermeiden. Verschiedene Aspekte sind hilfreich und in der konkreten Umsetzung zu beachten. Ein gelungenes Gespräch über Unterricht zeichnet sich dadurch aus, dass es konkret, kompetenzorientiert, konstruktiv, sachbezogen, analytisch, zielbezogen und in Ich-Botschaften formuliert ist. Für die Referendarsausbildung wird der Aspekt „auf gleicher Augenhöhe" vor allem in selbst organisierten Kleingruppenhospitationen möglich sein, für die kollegialen Unterrichtsbesuche ist er ein Muss! Warum diese verschiedenen Aspekte bedeutsam sind und wie sie konkret umsetzbar sind, dazu gibt die folgende Aufstellung Anregungen.

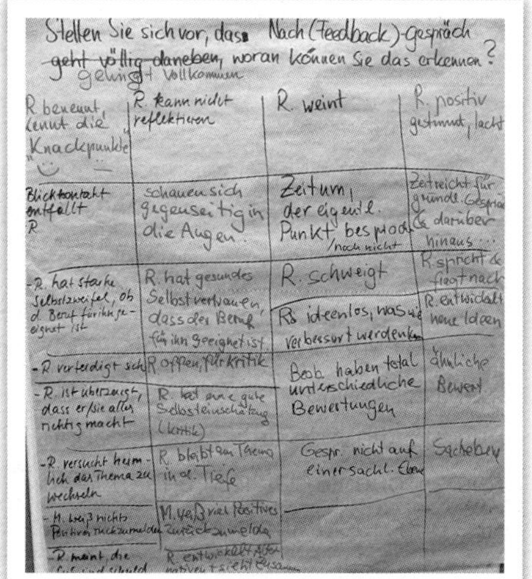

© Susanne Petersen

Reflexionsgespräche über Unterricht vorbereiten – Planungshilfe

Gütemerkmal	Begründung – warum relevant?	Umsetzungsmöglichkeiten – welche unterschiedlichen Methoden?
Konkret	Die spezifische Situation der Lerngruppe und der von der jeweiligen Lehrkraft geschaffenen Beziehungen tritt in den Vordergrund. Genaue Angaben, Zeiten, Reaktionen von Schülern oder Lehrer legen die Basis für ein sachbezogenes Gespräch.	Gesprächsbeteiligung (Meldungen / Beiträge, Regeln etc.) quantifizieren; Mädchen und Jungen; Zitate von Kindern und Lehrer; Bewegungsradius; Reaktionsformen, …
Kompetenz-orientiert	Schafft die wesentliche Grundlage, um Verbesserungswürdiges erfolgreich in den Blick zu nehmen; stiftet Berufszufriedenheit. Aufgrund einer genaueren Analyse der in gelungenen Situationen zum Ausdruck kommenden Kompetenzen werden jene Fähigkeiten analysiert, die zur Bewältigung von künftigen Aufgaben hilfreich sein können.	**Kompetenzbrille aufsetzen:** Erfolge und Kompetenzen im Lehrerverhalten, bei Schülern, Methodenarrangement, Lernertrag, Klassenraumgestaltung, so konkret und detailliert wie möglich auflisten und die positiven Effekte konkretisieren
Konstruktiv	Vereinbarte Indikatoren fordern einen ernsthaften, offenen, ehrlichen und respektvollen Dialog über die unterschiedlichen Wahrnehmungen sowie einen Austausch über nächste Schritte im Sinne eines lebenslangen Lernens.	Schwierigkeiten, die verabredeten Indikatoren zu erreichen, sind dann konstruktiv zu bearbeiten, wenn der Unterrichtende das erste Wort erhält, die selbst wahrgenommenen Schwierigkeiten für sich zu sortieren. *„An manchen Stellen habe ich mich aus folgenden Gründen unwohl gefühlt, … war ich unzufrieden mit … Ich weiß gar nicht genau, was genau in der einen Phase geschehen ist …"*

Sachbezogen	Alle die Persönlichkeit betreffenden Bemerkungen bergen die Gefahr, andere zu verletzen und Weiterlernen zu erschweren oder zu unterbinden.	**Sich selbst seiner Beobachtungsfallen bewusst sein und sich als Beobachter disziplinieren** Aspekte, die für den verabredeten Beobachtungsschwerpunkt relevant sind, sammeln, notieren; Verhaltensweisen, Reaktionen sind im Fokus – nicht: Charaktereigenschaften oder Vorlieben des Beobachters …
Ich-Botschaften senden	Unterstreicht die Subjektivität der eigenen Wahrnehmung und Selektion von Beobachtungen und individuellen Präferenzen; relativiert und ermöglicht zielorientierten Dialog.	Die Wirkungen und die eigenen Wahrnehmungen wiedergeben, spiegeln: *„Ich habe gesehen, …"* *„Ich habe wahrgenommen …"* *„Nach meinem Eindruck …"* *„Ich frage mich …"*
Analytisch / Reflektierend	Rekonstruktion einer spezifischen Situation aus verschiedenen Perspektiven.	**Der Blick von oben – Perspektivwechsel ermöglichen** *Wie hat die Sache / das Lernarrangement / das Lehrer-Info… auf den Schüler Y gewirkt?* *Wie hat die Klasse insgesamt reagiert?* *Welche alternativen Aktivitäten lösen was aus?*
Zielorientiert	Rahmenbedingungen, Beobachtungsaspekt, Ergebnisse und Perspektive klären und verabreden, schafft Klarheit und Verbindlichkeit	**Bilanz ziehen** *Welche Ergebnisse können wir festhalten? Was hat sich besonders bewährt, ist interessant und anregend für andere Klassen?* *Wie kann es weitergehen?*

In welcher Schrittabfolge nun diese unterschiedlichen Qualitätsmerkmale im Gespräch realisiert werden können, präzisieren die folgenden Anmerkungen:

Trennung von Beobachtung & Bewertung

Konsequent zwischen Beobachtung einerseits und Deutung, Interpretation des Gesehenen andererseits zu trennen, ist der erste Schritt, um ein sachliches Gespräch zu ermöglichen. Die zuvor verabredeten Kriterien und Indikatoren liefern die Basis, um die subjektiven Beobachtungen zu filtern und die Situationszusammenhänge zu rekonstruieren. Damit bieten sie die Voraussetzung, das Gesehene intersubjektiv nachvollziehbar und verständlich zu machen. Dies begünstigt vor allem einen gemeinsamen, produktiven Dialog über die wahrgenommenen, dokumentierten Beobachtungen. Der Vergleich der Sammlung der Beobachtungen und ihre Vervollständigung ist ein sinnvoller Gesprächsauftakt unter dem Motto: **Das habe ich gesehen und notiert. Was hast du wahrgenommen?**
Sodann, aber auch wirklich erst zu diesem Zeitpunkt, ist es sinnvoll und angemessen, die eigenen Beobachtungen zu würdigen, und zwar indem sie an den **Kriterien** und ihren Wirkungen auf **Sache**, **Lerngruppe** oder den **einzelnen Schüler gemessen werden.** Dies sollte jeder für sich tun, denn auch hier unterscheiden sich natürlich die Bewertungen, was wiederum Anlass für einen anregenden Austausch sein sollte. Folgende Bewertungszeichen haben sich als sinnvoll und hilfreich erwiesen:

- für eher gelungene, tragfähige Aspekte ein Sternchen,
- ein Fragezeichen für eher Fragwürdiges (im Wortsinne!)
- für möglicherweise gar Bedenkliches ein Ausrufezeichen.

Dem Erfolg auf die Schliche kommen …

Wenn es zunächst für einen produktiven Gesprächsverlauf bedeutsam ist, sich detailliert über die als gelungen interpretierten Phänomene auszutauschen, dann nicht, wie es manchmal empfunden wird, um das „Gute“ mal kurz zu erwähnen und sich anschließend ausführlich über die „Fehler“ herzumachen. Denn dieses detaillierte, multiperspektivische Betrachten der tragfähigen und weiterführenden Aspekte im beobachteten Unterricht arbeitet konkret und solide heraus, welche Kompetenzen alle Beteiligten zeigten, damit solch ein Erfolg zustande kam. Hier finden sich die Perlen, die künftig für die Bewältigung anderer herausfordernder Situationen benötigt werden.

Dem Erfolg auf die Schliche kommen – das ist die Devise. Was gelingt uns schon und woran liegt dies?

In einem zweiten Schritt geht es dann um die **Fragwürdigkeiten im wahrsten Sinne des Wortes:**

- Was genau hat sich in dieser Situation abgespielt?
- Welche Wirkungen habe ich wahrgenommen für die Sache, die Lerngruppe oder einzelne Schüler? Welche du?
- Was genau war die Intention in dieser Situation und was hat sich wirklich anderes ereignet?

Vielleicht war der tatsächliche Verlauf sogar besser als die Planung. Die genaue Analyse hier ist interessant, wichtig und weiterführend. So kann es gut sein, dass das Fragwürdige verschwindet und von einer konkreten Alternative oder einer neuartigen Interpretation aufgefangen wird. Das sind wichtige Schritte für das gemeinsame Weiterdenken und -entwickeln von methodischem Know-how. Und natürlich mag es auch noch das eine oder andere Phänomen geben, das einen persönlich stört. Meistens löst sich dieses in Luft auf, wenn man sich mit den viel interessanteren Fragwürdigkeiten konstruktiv auf einer Sachebene auseinandersetzt. Auch bei den Beispielen zur Stundenreflexion auf der beigefügten Video-DVD wird deutlich, dass es gerade die selbstgestellten Fragen der Lehrerin sind, die viel Stoff und Anregung bieten, sich intensiv damit zu beschäftigen.

Mit einem **Resümee und einer Verabredung zur Weiterarbeit** endet das Gespräch. Wenn es sich um ein eine kollegiale Hospitation, ein Tandem handelt, dann könnten gemeinsam Auswertungen gemacht werden. Dann moderiert einmal der eine, dann die andere. Wenn es in der Jahrgangsstufe oder im Fachverband verabredete Hospitationen sind, dann wäre an eine moderierte Auswertungskonferenz zu denken, weil hier aspektbezogen bilanziert und analysiert werden kann. Insgesamt wird der kollegiale Austausch umso fruchtbarer, je enger die Kollegen kooperieren und sich gegenseitig in unterschiedlichen Rollen mal als Unterrichtender, mal als Beobachter und umgekehrt erleben.

1. Was haben die Schülerinnen und Schüler in dieser Stunde Wichtiges gelernt?	2. Wodurch zeichnete sich die Lernatmosphäre aus und welchen Anteil hatte ich als Lehrer oder Lehrerin daran?	3. Welche „handwerklichen Qualitäten" zeigte ich in dieser Stunde?	4. An welchen Stellen fühlte ich mich unwohl und warum?
· Woran kann ich den Lernertrag ermessen? · Mit welchen Arbeits- bzw. Lernergebnissen kann ich meine Einschätzung belegen? (schriftliche Ergebnisse, mündliche Äußerungen, Präsentationen,...) · Feedbackantworten, z. B. zu folgenden Fragen: - Was hast du heute Neues gelernt? - Wo hast du dich heute besonders angestrengt? - Wie gut konntest du heute mit deinem Partner / deiner Gruppe zusammenarbeiten – und warum?	Wie erlebe ich die Schüler als Gruppe? Kooperativ, destruktiv, gelangweilt, lahm, frech... und woran lag dies? Wie erlebe ich einzelne Schüler und warum haben sie sich so verhalten? Welche Möglichkeiten hatten die Schüler, mit ihren Bedürfnissen, Fragen, ihrem Vorwissen zu Wort zu kommen, sich konstruktiv einzubringen? Wie habe ich als „partnerschaftlicher Chef" gewirkt?	z. B.: · Stundenkomposition, · Transparenz, · Info, · Medieneinsatz, · Gesprächsführung, · Methodenwahl, · differenzierte Aufgabenstellungen, · dem Lernprofil der Klasse angemessen herausfordernd, selbstständiges Arbeitsarrangement, · Rezeption der Arbeitsergebnisse, · Feedbackinstrumentarium ... · Welche der Methoden haben sich (besonders) produktiv ausgewirkt und woran habe ich das gemerkt?	· Was würde ich im Nachhinein anders machen? · Und zwar wie? · Mein persönliches Fazit zu dieser Stunde lautet – alles abgewogen:

Interessant ist es im Übrigen auch, Schüler an diesem Prozess zu beteiligen. Bei dem Qualitätsmerkmal aktives, selbstständiges Lernen drängt es sich gerade zu auf. Auch mit ihnen wäre ein T-Diagramm sinnvoll zu füllen und als Feedback-Instrument zu nutzen, natürlich auch in der Hospitationssituation. Der Charme der Situation wird bei diesem Herangehen deutlich:

Auch die Lehrer outen sich als Lernende, die wiederum auf das Schülerfeedback angewiesen sind, um ihr Tun, ihr Lernarrangement zu verbessern (siehe auch Kapitel Feedback).

Auch im Kontext der Lehrerausbildung ist es sinnvoll, Grundprinzipien dieses Vorgehens für die Selbstreflexion und persönliche Professionalisierung zu nutzen. So sammeln Referendare zu den verschiedenen Aspekten ihrer Unterrichtsbeobachtung „Belege, Beweise, Beobachtungen", die sie interpretieren, um Gelungenes konkret zu analysieren, Fragwürdiges zu interpretieren und darauf gestützt konkrete Alternativen und nächste Schritte für die persönliche Weiterarbeit abzuleiten. Die Tabelle auf Seite 190 liefert relevante Aspekte und Fragestellungen, mit deren Hilfe nach einer absolvierten Unterrichtsstunde diese auch noch analysiert, mit Distanz intersubjektiv nachvollziehbar vorgestellt und strukturiert vorgetragen werden kann.

Kollegiale Hospitationen als Impuls für Schulentwicklung

Darüber hinaus ist es im Sinne der Schulentwicklung ausgesprochen sinnvoll, die Ergebnisse dieser kollegialen Hospitationen für alle zu dokumentieren und zum Gegenstand von Fach- oder Jahrgangskonferenzen zu machen, wo besonders anregende Beispiele vorgestellt, analysiert und weitergedacht werden. Im Sinne des von- und miteinander Lernens geht es hier um eine Würdigung des Ertrags, um eine Erfolgsanalyse, ebenso wie um neue, als wichtig und bearbeitungswürdig ermittelte Aspekte zur kollegialen Weiterarbeit. Eine solche Schrittabfolge wird nicht nur ein Klima aufbauen, in dem es selbstverständlich ist, dass sich Kollegen gegenseitig besuchen und ein Kriterien geleitetes, sachlich-konstruktives Feedback geben, sondern auch die Erfolge der Kollegen mit Selbstverständlichkeit sachlich kommuniziert und gewürdigt werden – also der Grundstein gelegt wird für eine ebenso realistische wie konstruktiv-produktive Feedbackkultur an einer Schule.

Literaturtipps:

Herbert Altrichter, Elgrid Messner, Peter Posch: Schulen evaluieren sich selbst: Ein Leitfaden, Kallmeyer 2004

Fischer, M., Rühmann, W. & Weiss, S.: Bessere Lehre durch kollegiale Hospitation – ein neuer Weg in der hochschuldidaktischen Weiterbildung. In: Neues Handbuch Hochschullehre, 2005, S. 1–26

Norman Green: Kooperatives Lernen im Klassenraum und im Kollegium: Das Trainingsbuch, Kallmeyer 2005

Andreas Helmke: Unterrichtsqualität. Erfassen, Bewerten, Verbessern, Kallmeyer 2007, 5. Aufl.

Guy Kempfer, Marianne Ludwig: Kollegiale Unterrichtsbesuche: Besser und leichter unterrichten durch kollegiales Feedback. Mit Werkstatt-Teil und Download, Beltz 2008

Ulf Mühlhausen, Wolfgang Wegner: Erfolgreicher unterrichten?!, Schneider Verlag Hohengehren 2006, S. 41 f.

Dirk Voss: Gemeinsam sieht man mehr – Kollegiale Hospitationen und Coaching als Evaluationsinstrumente. In: HmS 2/07: Schulpraxis evaluieren, S. 16–17

Margrit Weidner: Kooperatives Lernen im Unterricht: Das Arbeitsbuch, Kallmeyer 2003

Webtipps:

www.learn-line.de/angebote/greenline/

Josef Leisen: Die Beobachtung von Unterricht www.physik.uni-regensburg.de/didaktik/StudPrakt/UntAnalyse/Unterrichtsbeobachtung_Leisen.pdf

Arbeitsstelle für Hochschuldidaktik (2007). Kollegiale Hospitation. Download unter: http://www.afh.uzh.ch/instrumente.html [Stand: 17.8.2009]

www.sachunterricht-petersen.de (Unterrichtsbesuche)

Checkliste Guter Unterricht

Die folgende Checkliste soll dabei helfen, die eigenen Kompetenzen und Stärken als Lehrer aufzuspüren, genauso wie die „blinden Flecken", die Möglichkeiten für die Weiterentwicklung der eigenen Kompetenzen bieten. Insofern handelt es sich mehr um eine Ideenliste für die Selbstevaluation als um einen Kriterienkatalog.

- Sage ich meinen Schülern, was sie in meinem Unterricht / in der Stunde lernen können und warum das wichtig ist?
- Kann ich meine Schüler für Unterrichtsthemen begeistern?
- Kenne ich meine Schüler: ihre Kompetenzen, ihre Probleme, ihre Interessen?
- Beziehe ich die Kompetenzen und Interessen meiner Schüler in die Auswahl meiner Themen und die Gestaltung meines Unterrichts ein?
- Gibt es in meinem Unterricht unterschiedliche Angebote für unterschiedlich leistungsstarke und unterschiedlich interessierte Schüler?
- Haben meine Schüler in meinem Unterricht viel Zeit zu sprechen – zu zweit, in der Gruppe, im Klassengespräch?
- Ist der Redeanteil meiner Schüler insgesamt deutlich höher als mein eigener?
- Gibt es genügend Möglichkeiten für meine Schüler, sich im Unterricht zu bewegen? Können sie sich auch während des Unterrichts im Klassenraum bewegen?
- Wird in meinem Unterricht – möglichst in jeder Stunde – auch gelacht?
- Wie sorge ich für eine konstruktive Atmosphäre im Unterricht?
- Herrscht in meinem Unterricht ein Klima des gegenseitigen Respekts und der Rücksichtnahme?
- Wofür tragen meine Schüler Verantwortung?
- Welche expliziten Regeln gelten in meinem Unterricht? Welche Konsequenzen gibt es, wenn Regeln nicht eingehalten werden?

- Sind Regeln und Konsequenzen allen Schülern bewusst und nachvollziehbar begründet?
- Halte ich mich als Lehrer ebenfalls an Regeln (z. B. Pünktlichkeit)?
- Ist es in meinem Unterricht okay, Fehler zu machen und wie zeigt sich das?
- Bin ich klar in meinen Äußerungen, komme ich ohne Umschweife auf den Punkt?
- Kann ich – bei aller Konsequenz – auch mal Fünfe gerade sein lassen?
- Habe ich Mut, auch unbequeme Entscheidungen durchzusetzen?
- Kann ich „Liebesentzug" ertragen?
- Wahre ich eine ausgewogene Balance von Nähe und Distanz im Umgang mit meinen Schülern?
- Habe ich Humor und zeige ich ihn im Unterricht?
- Bin ich schlagfertig – ohne zu verletzen?
- Urteile ich gerecht?
- Kann ich gut zuhören (bevor ich urteile)?
- Bin ich fachlich kompetent, habe ich wirklich „Ahnung" von den Themen, die ich unterrichte?
- (Wie) beteilige ich die Schüler an der Lösung von Konflikten?
- Kann ich Unterrichtsstörungen sachlich und erfolgreich begegnen?
- Bin ich ein gutes Vorbild für meine Schüler? In welcher Hinsicht?
- Ermutige ich meine Schüler, indem ich mehr mit ihren Kompetenzen und Stärken als mit ihren Fehlern arbeite?
- Fordere ich meine Schüler, statt ihnen Anstrengungen abzunehmen?
- Bin ich für meine Schüler „berechenbar", wissen sie, woran sie bei mir sind?
- Kann ich gut Kontakt zu meinen Schülern und zu Kollegen herstellen und woran merke ich das?
- Kann ich am Beginn einer Unterrichtsstunde schnell Aufmerksamkeit herstellen?
- Gliedere ich meinen Unterricht in deutlich unterschiedene Phasen?

- Trenne ich Unterrichtsphasen deutlich und bewusst? Kenne und beherrsche ich verschiedene Methoden der Phasentrennung?
- Vermittle ich Lernlaune zum Unterrichtsbeginn? Kenne und beherrsche ich verschiedene Methoden, Lernlaune herzustellen?
- Schaffe ich Transparenz über Inhalt und Ziele meines Unterrichts, indem ich regelmäßig „Stundenprogramme" veröffentliche?
- Mache ich echte Fragen bzw. Probleme mit „Aha-Potenzial" zum Ausgangspunkt bzw. zum Thema meines Unterrichts?
- Welchen Anteil haben Phasen des selbstständigen Lernens an meinem Unterricht?
- Kenne ich verschiedene Methoden des selbstständigen Lernens und verfüge ich über genügend Know-how, diese in meinem Unterricht zu praktizieren?
- Bin ich bereit, meinen Schülern einen wesentlichen Teil der Verantwortung für ihr Lernen zu übertragen?
- Wie weit vertraue ich darauf, dass meine Schüler lernen wollen und dass sie selbstständig lernen können?
- Wie weit bin ich vom Sinn des selbstständigen Lernens selbst überzeugt?
- Welche Möglichkeiten haben meine Schüler, selbstständig mit Computer und Internet zu lernen?
- Wie kompetent bin ich selbst im Umgang mit Computer, Standardsoftware und Internet?
- Kann ich ertragreiche, ergebnisorientierte Unterrichtsgespräche leiten, an denen sich viele Schüler beteiligen?
- Beherrsche ich das Handwerkszeug der Gesprächsleitung sicher, beispielsweise die Formulierung geeigneter Themen, das kommentarlose Sammeln und Resümieren von Beiträgen?
- Unterscheide ich klar zwischen Unterrichtsgesprächen und Lehrer-Infos?
- Kenne und beherrsche ich verschiedene Methoden für ertragreiche Lehrer-Infos?
- Kann ich das unterschiedliche Anforderungsprofil von Aufgabenstellungen analysieren und steuern?

- Inwieweit fordere ich die unterschiedlichen Kompetenzen der Schüler heraus und delegiere Kontrollfunktionen an Schüler?
- Vermittle ich meinen Schülern unterschiedliche professionelle Methoden der Ergebnispräsentation?
- Gebe ich meinen Schülern Zeit, ihre Präsentationen vorzubereiten?
- Werden Präsentationen sowohl hinsichtlich des Inhalts als auch hinsichtlich der Form gemeinsam ausgewertet?
- Hole ich mir regelmäßig Feedback von meinen Schülern zu Inhalten und Methoden meines Unterrichts?
- Kenne und beherrsche ich unterschiedliche Feedback-Methoden?
- (Wie) werden Konsequenzen aus Feedback gezogen?
- Welche Rituale begleiten und strukturieren meinen Unterricht?
- Wird die Angemessenheit und die Wirksamkeit (der „Sinn") der Rituale in meinem Unterricht regelmäßig überprüft?
- (Wie) beende ich meinen Unterricht mit einem richtigen Schluss?
- Kenne und beherrsche ich verschiedene Möglichkeiten, den Unterricht richtig zu beenden?
- Welche sinnvollen Lernstrategien (Lerntechniken) kenne ich? Welche Strategien werden wie in meinem Unterricht thematisiert?
- Suche ich mit meinen Schülern regelmäßig außerschulische Lernorte auf?
- Kenne ich viele geeignete außerschulische Lernorte?
- Kenne und beherrsche ich viele Methoden der Vorbereitung, Durchführung und Auswertung des Besuchs von außerschulischen Lernorten?
- Wie steht es um meine Allgemeinbildung? Kann ich auch ad hoc Schülerfragen aus dem Bereich der Allgemeinbildung beantworten?
- Nutze ich die Möglichkeit, meine Kollegen mit für mich relevanten Beobachtungsaspekten zu betrauen und gegenseitige Unterrichtsbesuche zum kollegialen Feedback und zur Weiterentwicklung meiner Unterrichtstätigkeit einzuplanen und zu realisieren?

Unterrichtsvideos (Video-DVD)

Die Unterrichtsvideos zeigen Beispiele für die „handwerklich" professionelle Gestaltung von Unterricht. Sie sind nicht zu verstehen als „perfekte Vorbilder" für guten Unterricht. Sie sollen vielmehr Anregungen und Beispiele geben, die zum Nachdenken und Austausch über guten Unterricht anregen. Die Videos sind keine „Studiopoduktionen", sondern in echten Unterrichtssituationen entstanden, die nicht besonders für eine Aufzeichnung inszeniert oder vorbereitet waren. Deshalb entspricht die technische Qualität der Videos nicht den Ansprüchen, die man an professionelle Videoproduktionen stellt.
Die Videobeispiele sind keine „Lehrvideos", sondern zeigen echte Unterrichtssituationen, die Zustimmung ebenso wie Kritik auslösen werden. Lehrer, Seminarleiter und Referendare, die diese Unterrichtsvideos in ihrer Aus- oder -fortbildungsarbeit einsetzen, sollten dafür Sorge tragen, dass die Besprechung des gezeigten Unterrichts in einer Atmosphäre erfolgt, die von Respekt für die Referendarinnen und Lehrer gekennzeichnet ist, die bereit waren, sich und ihren Unterricht öffentlich zu präsentieren!
Eine Reihe weiterer Unterrichtsvideos, Informationen zu den Unterrichtskonzepten, schriftliche Unterrichtsvorbereitungen, Materialien und Kontaktmöglichkeiten zu unterrichtenden Lehrern und Referendarinnen online unter: **www.guterunterricht.de.**

Inhalt der DVD

Deutsch, Klasse 9 (Gesamtschule): Schiller – Der Handschuh

Themen / Ziele: (in einer 45-Minuten-Stunde) Schillers Ballade „Der Handschuh" kennenlernen, Basis-Informationen zu Schiller und zum historischen Kontext der Ballade kennen, erste Gedanken zur Interpretation der Ballade entwickeln.

Methodische Schwerpunkte: Lehrer-Infos, Arbeitsaufträge, Unterrichtsgespräch, Partnerarbeit.

Biologie, Klasse 11: Selbstständig lernen (Molekulargenetik)

Themen / Ziele: Individualisierte selbstständige Erarbeitung komplexer biologischer Fachinhalte bei sehr unterschiedlichen Lernvoraussetzungen der Schüler.

Methodische Schwerpunkte: Einzel- und Partnerarbeit anhand eines Arbeitsplans, der sich über mehrere Wochen erstreckt, Arbeit mit persönlichen Netbooks.

Deutsch, Klasse 8 (Realschule): Kurzgeschichten

Themen / Ziele: Merkmale von Kurzgeschichten kennen und auf die selbst geschriebene Fortsetzung einer Geschichte anwenden.

Methodische Schwerpunkte: Unterrichtsgespräch, Gruppenarbeit, Präsentationen

Reflexion der Stunde „Deutsch, Klasse 8, Kurzgeschichten" durch die unterrichtende Referendarin

Beispiel für eine Stundenbesprechung.

Sachunterricht, Klasse 4: Deutschland als neue Heimat – Warum zieht man in ein anderes Land?

Themen / Ziele: Gründe und Beispiele kennen, warum Menschen aus anderen Ländern nach Deutschland ziehen.

Methodische Schwerpunkte: Gruppenarbeit, Präsentation, Unterrichtsgespräch.

Literatur

Dieter Baacke: Die 13- bis 18-Jährigen, Beltz 2009

Michael Bannach, Lydia Sebold, Brigitte Wehmeyer: Wege zur Öffnung des Unterrichts, Oldenbourg 1997

Horst Bartnitzky, Reinhold Christiani: Die Fundgrube für Freie Arbeit. Das Nachschlagewerk für Einsteigerinnen und Fortgeschrittene, Cornelsen 1998

Johannes Bastian, Arno Combe, Roman Langer: Feedback-Methoden: Erprobte Konzepte, evaluierte Erfahrungen, Beltz 2007

Roland Bauer: Lernen an Stationen in der Grundschule. Ein Weg zu kindgerechtem Lernen, Cornelsen 2005

Ders.: Schülergerechtes Arbeiten in der Sekundarstufe I. Lernen an Stationen, Cornelsen 1997

Horst Belz, Marco Siegrist: Kursbuch Schlüsselqualifikation – Ein Trainingsprogramm, Lambertus 2000

Cheryl Benard, Edit Schlaffer: Einsame Cowboys: Jungen in der Pubertät, dtv 2002

Marita Bergsson, Heide Luckfiel: Umgang mit „schwierigen" Kindern: Auffälliges Verhalten, Förderpläne, Handlungskonzepte, Cornelsen 1998

Vera F. Birkenbihl: Rhetorik. Redetraining für jeden Anlass, Urania 2000

Armin Born, Claudia Oehler: Lernen mit ADS-Kindern, Kohlhammer 2009, 7. Aufl.

Joseph Cornell: Mit Kindern die Natur erleben, Verlag an der Ruhr 1999

Rudolf Dreikurs, Loren Grey: Kinder lernen aus den Folgen. Wie man sich Schimpfen und Strafen sparen kann, Herder 2007

Rudolf Dreikurs, Vicki Soltz: Kinder fordern uns heraus. Wie erziehen wir sie zeitgemäß?, Klett-Cotta 2008, 15. Aufl.

Diane Ehrensaft: Wenn Eltern zu sehr …, Klett-Cotta 2000

Wolfgang Endres: 111 starke Lerntipps, Beltz 2004

Jörg Fengler: Feedback geben. Strategien und Übungen, Beltz 2009, 4. Aufl.

Patrick Forsyth: 30 Minuten bis zur überzeugenden Präsentation, Gabal 1998

Thomas Gordon: Lehrer-Schüler-Konferenz, Heyne 1989

Beate Grabbe: Dennis: „Ich bin hier der Schulschreck", Auer 2002

Ludger Brüning, Tobias Saum, Norm Green, Kathy Green: Erfolgreich unterrichten durch Kooperatives Lernen, Neue Deutsche Schule 2008

Jochen und Monika Grell: Unterrichtsrezepte, Beltz 1996, 11. Aufl.

Michael Handwerk: Präsentieren und referieren, Humboldt 2009

Dagmar Hänsel: Projektunterricht, Beltz 1999

Judith Rich Harris: Ist Erziehung sinnlos?, Rowohlt 2002

Thomas Harris: Ich bin o.k., du bist o.k., Rowohlt 2005, 40. Aufl.

Andreas Helmke: Unterrichtsqualität und Lehrerprofessionalität. Diagnose, Evaluation und Verbesserung des Unterrichts, Kallmeyer 2008

Martin Herold, Birgit Landherr: SOL – Selbst organisiertes Lernen, Schneider Verlag Hohengehren 2005

Klaus Hurrelmann, Mathias Albert: Jugend 2006. 15. Shell Jugendstudie – Eine pragmatische Generation unter Druck, Fischer 2006

Peter Huschke, Marei Mangelsdorf,: Wochenplanunterricht, Beltz 1994

Gustav Keller, Wilhelm Hitzler: Schlüsselqualifikationstraining, Auer 2005

Heinz Klippert: Methodentraining, Beltz 2009, 18. Aufl.

Ders.: Eigenverantwortliches Arbeiten und Lernen – Bausteine für den Fachunterricht, Beltz 2007, 5. Aufl.

Ders.: Teamentwicklung im Klassenraum, Beltz 2009, 8. Aufl.

Heinz Klippert, Frank Müller: Methodenlernen in der Grundschule – Bausteine für den Unterricht, Beltz 2009, 4. Aufl.

Volker J. E. Kullmann: Selbst-Supervision in der Schule, Luchterhand 2000

Linda Loyd: Des Lehrers Wundertüte – NLP macht Schule, VAK-Verlag 1996, 4. Aufl.

Hilbert Meyer: Unterrichtsmethoden, Band 1 & 2, Cornelsen 1994 & 1997

Ders.: Was ist guter Unterricht?, Cornelsen 2004

Aljoscha Neubauer, Elsbeth Stern: Lernen macht intelligent, Goldmann 2009

Peter Nissen; Uwe Iden: Kur(z)skorrektur Schule, Windmühle Verlag 1999

Joseph O'Connor, John Seymour: Neurolinguistisches Programmieren. Gelungene Kommunikation und persönliche Entfaltung, VAK-Verlag 2009, 16. Aufl.

Susanne Petersen: Rituale für kooperatives Lernen in der Grundschule und in der Sekundarstufe I, Cornelsen 2010, 4. Aufl.

Matthias Pöhm: Das Nonplusultra der Schlagfertigkeit, Goldmann 2007

Jamie Raser: Erziehung ist Beziehung, Beltz 2001, 3. Aufl.

Friedemann Schulz von Thun: Miteinander reden, Band 1–3, Rowohlt 2001

Manfred Spitzer: Lernen. Gehirnforschung und die Schule des Lebens, Spektrum Akademischer Verlag 2006

Thomas Unruh, Dorothea Nadzeika-Humbaraci: The Real Activity Book, Klett 1998

Thomas Unruh, u. a.: Englisch Projekte Klasse 7, Klett 1998

Ders.: Grundwissen Allgemeinbildung, AOL-Verlag 2002

Ders.: Der Lehrer-Coach, AOL-Verlag 2009, 3. Aufl.

Ders.: Mein Methoden-Portfolio Selbstständig lernen. Kl. 5/6 / Kl. 7–10, AOL-Verlag 2008 / 2009

Margrit Weidner: Kooperatives Lernen im Unterricht, Minden 2003

Christian-Rainer Weisbach: Professionelle Gesprächsführung, dtv 2008, 7. Aufl.

Hubert Wißkirchen: Die heimlichen Erzieher, Kösel 2002

Stephan Wottreng: Handbuch Handlungskompetenz, Cornelsen 2003